슈테판 츠바이크(Stefan Zweig, 1881~1942)
세계적인 전기 작가. 역사 속에 묻힌 인물을 골라내어 그들의 생애와 행적을 추적하고, 깊이 감추어진 내면세계와 심리적 갈등까지 입체적으로 그려내는 데 탁월한 재주를 지녔다. 그의 작품은 역사적인 격변의 순간에 기로에 섰던 인물들을 다루고 있어, 독자는 잘 묘사된 인물의 면모를 즐기는 동시에 그 인물을 통해 당시의 역사나 문화까지 자연스럽게 익히게 된다. 유럽사를 꿰는 방대한 지식, 탁월한 이야기꾼의 자질, 생생하게 살아 움직이는 문체의 힘을 가진 그는 전 세계의 독자를 매료시켜왔다.
인문주의가 절정에 이른 오스트리아 빈에서 태어난 그는 1934년 오스트리아를 떠나 영국, 미국, 브라질 등지를 떠돌며 지냈다. 그 과정에서 심한 우울증에 시달리다 결국 부인과 동반 자살하였다. 독일어권에서 현대 문학계의 거장으로 인정받는 츠바이크의 작품들은 그가 사망한 지 오랜 시간이 흘렀음에도 여전히 전 세계에서 수많은 독자의 사랑을 받고 있다. 그의 작품은『광기와 우연의 역사』,『발자크 평전』,『메리 스튜어트』,『다른 의견을 가질 권리』등의 전기물과『체스 이야기』,『낯선 여인의 편지』등의 단편소설이 있고 자전적 삶의 기록으로『어제의 세계』가 출간되어 있다.

안인희
독일 문화권의 대표적인 번역자이자 인문학자. 한국외국어대학교에서 독문학을 전공하고 독일 밤베르크대학에서 수학한 문학박사이다. 프리드리히 실러의『발렌슈타인』으로 본격적인 번역 활동을 시작했고, 실러의『인간의 미적 교육에 관한 편지』(『미학 편지』라는 제목으로 개정 출간)로 제2회 한독문학번역상을 받았다.
지은 책으로『게르만 신화 바그너 히틀러』,『안인희의 북유럽 신화』(전3권)가 있다.
『광기와 우연의 역사』를 필두로 츠바이크 작품 여러 편을 발굴하여 한국에 소개함으로써 츠바이크 마니아 독자층이 형성되는 계기를 마련했다. 이외에도 야코프 부르크하르트의『세계 역사의 관찰』,『이탈리아 르네상스의 문화』(한국번역가협회 번역대상 수상), 하인리히 뵐플린의 『르네상스의 미술』, 요아힘 페스트의『히틀러 평전 I·II』등 굵직한 인문서를 우리말로 옮겼다.

위로하는 정신

Montaigne

© Stefan Zweig

S. Fischer Verlag (GmbH, Frankfurt am Main) 1960

이 책은 저작권법에 의해 보호받는 저작물이므로
무단전재와 무단복제를 금합니다.
이 책 내용의 전부 또는 일부를 이용하려면
저작권자와 도서출판 유유의 서면동의를 얻어야 합니다.

위로하는 정신
체념과 물러섬의 대가 몽테뉴

슈테판 츠바이크

안인희 옮김

일러두기

1. 독일 피셔 출판사에서 출간한 Stefan Zweig: *Montaigne*. Herausgegeben von Knut Beck, Frankfurt/Main 1960을 원본으로 삼았다.
2. 저자 슈테판 츠바이크는 이 원고를 완성하지 못하고 죽었다. 그 원고를 크누트 베크가 편집하여 책으로 펴낸 것이다. 원서에는 츠바이크의 인용문 일부를 프랑스어로 직접 인용하고 번역을 덧붙여놓았다. 즉 같은 내용이 두 번씩 나온다. 그밖에 미완성 원고의 여러 요소가 편집자주로 처리되어 있다. 우리 책에는 프랑스어 텍스트를 생략했으나 내용은 빠진 것이 없다. 또 우리 독자들이 책을 읽을 때 이해를 돕기보다는 번거롭게 만들 원서의 편집자주 부분을 대부분 걷어내고 꼭 필요한 부분만 남겼다.
3. 본문에 괄호 안에 본문보다 작은 글씨로 넣은 주는 독자의 편의를 위하여 역자가 붙인 것이다.

역자 서문 츠바이크가 남긴 유언

1.

슈테판 츠바이크Stefan Zweig(1881~1942)는 오스트리아 빈에서 태어났고, 1919년부터 1934년까지 잘츠부르크에서 살았다. 유대 혈통이던 그는 독일에서 기승을 부리던 히틀러의 나치가 차츰 오스트리아로도 그 막강한 세력을 뻗어오던 시기에, 오스트리아를 떠나 런던으로 망명했다. 하지만 전쟁의 광증에 사로잡힌 유럽 대륙을 견디지 못하고 1941년에는 아예 유럽 대륙에서 벗어나 브라질로 망명했다. (참고로 히틀러는 오스트리아 출신이다.)

츠바이크는 원래 프랑스 문학을 전공한 문학박사로서 당시의 유럽 지식인들이 대개 그렇듯이 라틴어, 영어, 프랑스어 등에 능통했다. 처음에 그는 번역으로 문필의 길을 출발했으나 소설보다 더욱 재미있는 각종 평전을 통해 작가로서 명성을 얻었다.

유럽의 역사에서 중요한 인물이나 사건 들을 뽑아 흥미진진하고도 드라마틱한 이야기로 엮는 빼어난 글솜씨를 통해 그의 작품들은 뛰어난 보편성을 얻었다. 죽은 지 오랜 시간이 흐른 지금도 그는 독일어권에서 가장 많이 읽히는 작가로 손꼽힐 뿐만 아니라 세계적으로도 매우 넓은 독자층을 확보하고 있다.

이 책은 슈테판 츠바이크가 남긴 유언이라 부를 만한 작품으로, 그가 마지막까지 붙잡고 있었으나 결국 미완성으로 남았다. 완성되지 못해 서운한 채로나마 여기서 우리는 브라질의 페트로폴리스에서 죽기 전 마지막 나날 동안 그의 마음을 사로잡고 있던 상념들을 만날 수 있다. 대부분의 책과 자료를 영국에 남겨둔 상태로 브라질에 머물고 있었기에 자료가 없어서 인용문을 제대로 다듬을 수 없었던 안타까움도 글 곳곳에 스며 있다.

2.

이 마지막 시기에 츠바이크의 마음을 붙잡은 인물은 16세기 유럽 종교전쟁 시대의 인문주의자인 몽테뉴였다. 그가 이미 평전으로 내놓은 '에라스무스'(한국어판 제목은 『츠바이크의 에라스무스 평전』)나 '카스텔리오'(한국어판 제목은 『다른 의견을 가질 권리』)와 같은 계열의 인물이다.

츠바이크는 이들 16세기 인문주의자들을 자신의 정신적 선배이자 동지로 받아들였다. 16세기와 자기 시대를 교차하는 어지러운 시대상이 기묘하게 공통점을 가진 것으로 여겨졌기 때문이다. 그러므로 16세기의 상황과 츠바이크가 이 책을 쓸 때의 상황을 이해하는 것은 책에 접근하는 가장 중요한 지름길이 될 것이다.

유럽의 16세기란 어떤 시대인가? 1517년을 기점으로 삼는 루터의 종교개혁과 뒤이은 칼뱅의 『그리스도교 강요綱要』의 조직 이론을 바탕으로 개신교는 16세기 중반부터 가톨릭에 맞서는 당당한 세력으로 자라났다. 같은 그리스도교지만 서로 믿음과 관습이 다른 두 종교 집단은 그 어느 쪽도 양보가 없었기에 피를 부르는 전쟁을 피할 길이 없었다. 이른바 종교전쟁이다.

16세기 후반에 잉글랜드의 격변, 잉글랜드와 스코틀랜드의 대립 그리고 프랑스를 피로 물들인 내전인 위그노 전쟁, 스페인 절대주의에 맞서 일어난 네덜란드의 전쟁과 독립 등이 모두 종교전쟁의 성격을 띤다. 이어서 17세기에는 유럽 대륙 내부의 세계전쟁이라 불리는 30년 전쟁(1618~1648)이 벌어져 대륙 전체가 피로 얼룩졌다. 특히 대륙의 중앙부에 자리 잡은 오늘날의 독일과 오스트리아 지역이 전쟁의 중심 세력으로서 가장 큰 피해를 입었다. 이 또한 종교전쟁이다.

가톨릭의 이단 박해와 그에 맞선 개신교 집단의 격렬한 저항이 전쟁으로 이어진 것이 종교전쟁이다. 가톨릭은 거침없이 이단자를 화형에 처했으며, 그에 맞서 칼뱅파를 비롯한 개신교 집단도 몇 건의 이단자 화형을 역사에 남겼다. 이런 것이 확대되어 전쟁으로 이어진 것이다.

종교전쟁은 이미 신앙을 위한 것이라기보다는 인간이 지닌 집단적 광증의 표현이라 보는 것이 옳을 것이다. 사랑과 평화를 설파하는 그리스도교를 위해, 즉 신앙을 위해 서로를 죽이고 전쟁까지 마다하지 않았으니 그렇다. 당시 양측은 세계 최고의 종교 지도자들이 이끌고 있었다. 또한 그들 중 일부는 칼뱅처럼 뛰어난 인문주의 학자이기도 했다.

이 집단광증의 시대에 관용(톨레랑스)과 타협과 온건함을 옹호하고 끝까지 실천하려 노력했던 일단의 인문주의자가 바로 에라스무스, 카스텔리오, 몽테뉴 같은 인물이다. 그리고 츠바이크는 이 온건한 인문주의자들을 자기 자신의 스승이자 동지로 여겼다. 그러니까 츠바이크의 눈에 16세기 유럽의 상황은 그 핵심 구조만 보면 인종이념에 바탕을 두고 나치가 시작한 20세기의 제2차 세계대전 상황과 그다지 차이가 나지 않았다. 즉 나와는 다른 신앙이나 신념을 가진 상대방을 서로 인정할 수가 없어서 대규모 살상이 이루어진 것이다. 신념이 만들어낸 전쟁이었다.

3.

유럽 대륙을 멀리 벗어나 남아메리카로 망명까지 떠났건만, 츠바이크는 유럽 대륙에서 벌어지는 광적인 전쟁의 상황에서 눈길을 돌릴 수가 없었다. 인간의 강박증과 어리석음은 대체 어디까지 간단 말인가? 유럽 대륙에서 생성된 엄청난 학문과 철학의 역사 그리고 과학 발전이 불러온 결과가 결국 이런 끔찍한 전쟁이란 말인가?

그가 젊은 날 인류에 큰 기대를 가졌던 만큼, 이런 역사의 진행을 바라보면서 그가 느낀 인간에 대한 실망과 괴로움도 컸다. 그 괴로움을 이기지 못하고 츠바이크는 1942년 2월에 브라질에서 스스로 목숨을 끊고 말았다. 옆에서 말없이 충실한 조력자로 일하던 두 번째 아내 로테도 그와 함께 마지막 길을 떠났다.

그러면서 그는 몇 편의 미완성 원고를 남겼다. 가장 유명한 작품은 아니라도 내용상 츠바이크의 대표작으로 꼽아 전혀 무리가 없는 『발자크 평전』도 그중 하나이다. 수십 년에 걸친 연구의 결실이 이 한 권의 책에 들어 있다. 원고의 형태로 남았지만 작품은 거의 완성되어 있었다. 작가는 이 작품을 위해 엄청난 작업을 했고, 뒤엉킨 수많은 원고를 남겼다.

츠바이크가 이렇게 비극적으로 죽은 다음, 친구이자 충실한 조력자이던 리하르트 프리덴탈Richard Friedenthal은 영국과 브라질에 산재한 수많은 원고 더미를 찾아내 전쟁이 계속되는 와중에서 정성껏 정리하고 다듬어 『발자크 평전』을 내놓았다. 이 작품은 발자크의 생애를 서술하는 극적인 재미와 아울러, 100여 권에 이르는 발자크의 소설 중에서 중요한 작품들에 대한 빼어난 평가를 포함하는 책으로서, 프랑스의 발자크 연구자들에게도 매우 귀중한 자료가 되는 작품이다. 재미와 학술적 의미를 한데 지닌 작품인 것이다.

4.

그리고 츠바이크가 남긴 또 다른 미완성 원고가 바로 몽테뉴의 삶을 다룬 이 책 『위로하는 정신』(원제 『몽테뉴』)이다.

『수상록』을 쓴 몽테뉴의 생애에서 가장 특기할 부분은 아마도 어린 시절에 매우 특수한 교육을 받았다는 사실과 말년에 맺은 앙리 4세와의 인연이라 할 수 있을 것이다. 그가 라틴어를 익힌 과정은 오늘날의 교육적 관점에서 보아도 매우 흥미로운 실험이다.

그리고 몽테뉴가 죽기 얼마 전에 위그노 지도자인 나바르의 앙리의 사절이 되어, 앙리의 개종 결심을 알리는 역할을 맡았다는 점이 흥미롭다. 뒷날 앙리 4세가 되는 인물이 낭트 칙령(1598)을 발표하기 이전 프랑스 왕이 되는 과정에서 몽테뉴가 중요한 중개자 노릇을 했기 때문이다. 앙리 4세의 태도와 낭트 칙령에는 관용의 정신이 들어 있다. 이 일은 몽테뉴의 정신적 태도와도 아주 잘 어울리며, 대립과 전쟁의 시대에 아픔을 느낀 츠바이크가 추구하던 관용의 정신을 잘 보여준다. 이념이 극단으로 대립한 시대에 몽테뉴는 중립적 태도와 뛰어난 지적 균형으로 온건한 중도의 삶을 살았다. 다른 사람이 나의 의견과 다른 의견을 가질 권리를 인정한다는 의미를 지닌 관용이란 성숙한 민주사회의 기본 태도 가운데 하나이지만 실천하기는 몹시 어려운 이념이다.

츠바이크는 죽기 직전까지 유럽 대륙에서 벌어지는 전쟁을 바라보며 이런 관용과 온건한 중도의 가치관을 지닌 세계를 진정으로 그리워했다. 이 책은 츠바이크가 생애 마지막 순간에 타는 목마름으로 자신의 심정을 토로하고 있는 마지막 에세이라 할 수 있을 것이다. 미완으로 남은.

2012년 7월
안인희

차례

역자 서문　　츠바이크가 남긴 유언　　**9**

머리말　　몽테뉴에 대한 회고　　**21**

1　　　　평민에서 귀족으로　　**41**
: 너그럽고도 넉넉한 교육방식은 몽테뉴의 특별한 영혼의 발전에 결정적인 행운이 되었다. 하지만 그런 교육방식이 제때 끝난 것 또한 행운이었다.

2　　　　몽테뉴가 된 몽테뉴　　**73**
: 그것은 외부세계에 대한 작별이었다. 지금까지는 다른 사람들을 위해 살았지만 이제는 자기 자신을 위해 살고자 했다.

3　　　　창작의 10년　　**87**
: 그는 학자처럼 정확하거나, 작가처럼 독창적이거나, 시인처럼 언어가 뛰어나야 할 의무감이 없었다. 그러나 그는 문필가가 되었다.

4 　　　　　자아를 찾아서 　　　　　　　　　　　　　**99**
: 모든 것에서 자신을 찾고, 자신 속에서 모든 것을 찾다.

5 　　　　　자신만의 보루 지키기 　　　　　　　　**113**
: 이 세상에서 가장 위대한 경험은 자기가 저 자신임을 이해하는 것이다.

6 　　　　　여행 　　　　　　　　　　　　　　　　**123**
: 작은 장소에 묶여 있는 사람은 작은 근심에 빠진다.

7 　　　　　마지막 나날들 　　　　　　　　　　　　**147**
: 모든 경험을 탐색한 이 사람은 자기 삶의 마지막 국면, 즉 죽음을 알아야 했다.

원서 편집자 후기 　　　　　　　　　　　　　　　　**165**
몽테뉴 연보 　　　　　　　　　　　　　　　　　　**167**

서문 몽테뉴에 대한 회고

몇몇 작가들은 연령에 상관없이 모든 사람들에게, 생애의 모든 시기에 활짝 열려 있다. 이를테면 호메로스, 셰익스피어, 괴테, 발자크, 톨스토이 같은 작가들이다. 그 밖에 특정한 순간에야 비로소 그 완전한 의미가 분명하게 밝혀지는 작가들도 있다. 몽테뉴는 후자에 속한다. 아직은 젊어서 경험이 부족하거나 좌절을 겪은 적이 없는 사람은 그를 제대로 평가하거나 존중하기가 어렵다. 자유롭고도 흔들림이 없는 그의 사색은 우리 세대처럼 운명에 의해 폭포 같은 격동의 세계 속으로 던져진 세대에게 가장 큰 도움이 된다. 전쟁, 폭력, 전제적 이데올로기가 목숨을 위협하고, 한 사람의 삶에서도 가장 소중한 개인의 자유를 위협하는 시대를 뒤흔들린 영혼으로 겪어본 사람만이 그를 이해하게 된다. 그런 사람이라야 이런 집단 광증의 시대에 가장 내밀한 자아에 충실하기 위해선 얼마만 한 용기와 정직성과 단호함이 필요한지를, 그리고 이 거대한 파멸의 한가운데서 정신적·도덕적 독립을 흠 없이 지키는 일보다 세상에 더 어렵고도 심각한 일이 없음을 알게 되는 것이다. 인류의 품위나 이성에 대해 스스로 의심을 품고 그것에 대해 절망도 해봐야 비로소, 그런 전체적인 무질서 한가운데서도 모범적으로 똑바로 서 있는 어떤 개인을 진짜로 찬양할 수 있게 된다.

경험을 해보고 시련을 겪어보아야만 비로소 몽테뉴의 지혜와 위대함을 존중할 수 있다는 사실을 나 자신이 직접 경험하였다. 스무 살 때 처음으로 그가 우리에게 남긴 유일한 책인 『수상록』(Essais)을 손에 잡았을 때 나는 솔직히 시작부터 그 책을 제대로 이해하지 못했었다. 존경심에 가득 차서 이 흥미로운 개성이 자신을 알리고 있음을 인정할 만큼의 문학적인 이해력은 있었다. 특별히 눈이 밝고 시야가 넓고 사랑스러운 인간이며, 모든 문장과 격언에 자신만의 특징을 부여할 줄 아는 예술가라는 점을 알아볼 수는 있었다. 하지만 그 즐거움이라고 해봐야 고작 오래된 문학을 향한 것이었을 뿐이다. 거기엔 마음속에 불붙는 정열적인 열광, 영혼에서 영혼으로 전기처럼 전해오는 힘이 없었다. 우선 『수상록』의 주제부터가 나와는 맞지 않았고, 그 대부분이 나의 삶에 적용될 수 없는 것으로만 생각되었다. "왕들이 만날 때의 기념식"이나 "키케로 관찰" 등 몽테뉴 선생의 광범위한 산책들이 대체 나 같은 20세기의 젊은 이한테 무슨 상관이란 말인가. 자기 시대의 색채를 강하게 지닌 프랑스어에 라틴어까지 잔뜩 섞인 그의 문장이 내 눈에는 교과서처럼 구식으로 여겨졌고, 그의 온화하고 잘 조율된 지혜도 나와는 무관해 보였다. 그것은 너무 일찍 나타난 지혜였다. 명예를 얻으려 애쓰지 말고, 지나치게 정열적으로 외부 세계에 얽히지 말라는 몽테뉴의 똑똑한 경고나, 온건함과 관용을 보이라며 마음을 진정시키는 권고 등이 망상에서 벗어날 생각도 없고 평온은커녕 위로 올라가려는 충동만 강렬했던 한창때의 젊은이에게 대체 무슨 소용이란 말인가? 젊음의 본질에는 온건함과 회의를 품으라는 충고를 받아들이기 어려운 요소가 있다. 어떤 의심이든 젊음에는 방해가 될 뿐이다. 내면의 격정을 쏟아내기 위해 젊음은 믿음과 이상을 필요로 하기 때문이다. 그러니 이런 믿음과 이상에 불길을 붙여주기만 한다면, 젊은 시절에는 가장 격하고 부조리한 망상조차도 의지력을 약화시키는 고귀한 지혜보다 더욱 중요하게 생각되는 법이다.

게다가 몽테뉴가 모든 시대를 위해 가장 단호하게 전파한 저 개인의 자유라는 게 1900년 무렵의 우리가 정말 그토록 열렬히 옹호할 만한 것이었던가? 이 모든 것은 이미 오래전부터 자명한 것이 아니었던가? 그런 자유는 이미 오래전에 독재와 노예 상태에서 해방된 인류에게 법률과 관습을 통해 확고히 보장된 소유물이 아니었던가? 자신의 목숨에 대한 권리, 스스로 생각할 권리 그리고 아무런 방해 없이 그 생각을 말이나 글로 표현할 권리는 마치 우리 입의 숨결처럼, 우리 심장의 박동처럼 자명하게 우리 자신의 것으로 여겨지지 않았던가? 세계의 여러 나라들이 하나씩 우리 앞에 열렸으며, 우리는 국가의 포로가 아니었고, 전쟁 복무에 묶이지도 않았고, 전제적인 이데올로기의 변덕에 종속되지도 않았으며, 추방당하거나 쫓겨나거나 갇히거나 박해당할 위험에 처한 사람은 아무도 없었다.

그러니 우리 세대에게 몽테뉴는 진작 부수어버린 쇠사슬을 무의미하게 쩔그럭거리는 사람으로만 보였다. 당시 우리는 운명이 우리를 위해 이 쇠사슬을 전보다 더욱 강하고 더욱 잔인한 모습으로 새로 주조하고 있음을 전혀 알아채지 못했다. 우리는 영혼의 자유를 얻기 위한 몽테뉴의 싸움을, 이젠 필요도 없고 의미도 없는 지나간 역사의 싸움으로만 여겨 멀리서만 존중했다. 청춘이 사라져야 비로소 그 가치를 알고, 건강이 없어져야 그 귀중함을 알고, 우리 영혼의 가장 소중한 핵심인 자유를 뺏기는 중이거나 이미 빼앗긴 다음에야 비로소 그 귀함을 안다는 것이 인생의 비밀스러운 법칙이다.

몽테뉴의 삶의 기술과 지혜를 이해하고 '자기 자신'(soi-même)을 지키기 위한 그의 싸움의 필연성이야말로 우리 정신의 세계에서 가장 절실한 것임을 이해하기 위해서는 그의 삶과 비슷한 상황을 마주해야만 했던 것이다. 몽테뉴처럼 우리도 세계가 최고 높이에서 끔찍하게 추락하는 상황을 겪어야 했다. 우리도 크나큰 희망과 경험과 기대와 얼광에서 물러나, 채찍을 맞으며 기껏 자신의 벌거벗은 자아, 유일무이하고 되풀이할 수 없는 제 생존을 지키려는 지점까지 쫓겨나야 했다. 이런 운명의 동질성을 겪고서야 비로소 몽테뉴는 내게 없어서는 안 되는 형제, 조력자, 위안을 주는 친구가 되었다. 그의 운명이 얼마나 절망적으로 우리의 운명과 유사한가.

미셸 드 몽테뉴가 태어난 16세기에는 거대한 희망이 사라지기 시작했다. 우리가 20세기 초반에 경험한 것과 같은 거대한 희망, 곧 세계가 인문주의를 통해 밝아질 것이라는 희망 말이다. 르네상스는 단 한 세대 만에 온갖 예술가, 화가, 시인, 학자 들을 배출하여, 다시 기대하기 어려울 정도로 완전하고 새로운 아름다움을 당시 행운의 인류에게 선물해주었다. 창조의 힘이 어둡고도 혼란스러운 삶을 변화시켜 한 단계씩, 한 파동씩 신적인 삶으로 올라가게 해줄 백 년, 아니 수백 년이 막 열리기 시작한 것처럼 보였다. 갑자기 세계는 넓고 풍요롭고 부유해졌다. 학자들은 라틴어와 그리스어로 된 플라톤과 아리스토텔레스의 지혜를 고대로부터 다시 가져왔고, 에라스무스의 영도 아래 인문주의는 통합된 세계 문화를 약속하고, 종교개혁은 새로운 신앙의 자유와 더불어 더 넓고 새로운 지식의 토대를 마련하는 것으로 보였다.

민족들을 가르던 공간과 경계 들이 몽테뉴의 시대에 무너졌다. 막 등장한 인쇄술을 통해 모든 말과 의견과 생각이 날개를 달고 널리 퍼져나갈 가능성이 마련되었기 때문이다. 한 민족에게 선물로 주어진 것이 모든 사람의 것이 되고, 그로 인해 왕들과 영주들과 무기들이 벌이는 혈투가 사라지고 정신을 통한 통합이 마련된 듯이 보였다. 또 하나의 기적이 나타났으니, 정신의 세계와 더불어 공간적 세계도 짐작도 못할 정도로 넓어진 것이다. 그때까지는 길이 없던 대양에서 새로운 해안들과 나라들이 나타났으며, 거대한 대륙 아메리카가 수많은 세대를 위한 터전을 보장해주었다. 교역이라는 혈액순환이 더욱 빨라지고, 부유함이 낡은 유럽을 통과해 흐르며 사치를 만들어내고, 사치는 다시 대담한 건축, 그림, 조각상 그리고 더욱 아름답고 정신성이 풍부한 세계를 만들어냈다. 공간이 넓어지면 언제나 영혼도 확장되는 법이니까.

우리가 겪은 세기 변환기(19세기 말에서 20세기 초)에도, 보이지 않게 국경선을 넘는 통신 수단과 비행기로 하늘을 점령한 덕분에 공간이 엄청나게 확장되었다. 물리학, 화학, 기술과 학문이 자연의 비밀을 차례로 풀어서 그 힘들을 인간의 힘에 봉사하게 했기에, 이루 말할 수 없는 희망이 그동안 자주 좌절해온 인류의 마음을 충족시켰다. 수많은 사람들에게서 "살맛이 난다"는 울리히 폰 후텐Ulrich von Hutten의 환호성에 대한 화답이 울려 나왔다. 하지만 언제든 파도가 너무 급격하고 갑작스럽게 높이 솟구치면 그만큼 더욱 가파르게 폭포처럼 떨어지게 마련이다.

우리 시대에 새로운 성과와 기술의 기적, 완벽한 조직 등이 가장 끔찍한 파괴의 공장으로 바뀌었듯이, 인류에게 좋은 것으로 보이던 르네상스와 인문주의의 요소들이 치명적인 독으로 변했다. 유럽에 새로운 그리스도교 정신을 불어넣으려던 종교개혁은 종교전쟁이라는 유례없는 야만성을 낳았고, 인쇄술은 교양 대신 신학적 분노를 널리 전파하였으며, 인문주의가 아니라 서로를 인정하지 못하는 무관용이 승리를 거두었다. 유럽에서 모든 나라가 인명을 무수히 해치는 내란으로 스스로 제 살을 찢는 동안, 신대륙에서는 야만스러운 정복자들이 더할 수 없는 잔인함을 드러냈다. 라파엘로와 미켈란젤로의 시대, 레오나르도 다 빈치, 뒤러, 에라스무스의 시대는 그 옛날 훈족의 대장 아틸라나 칭기즈칸과 티무르의 시대로 추락하고 말았다.

인문주의에서 야만성으로의 추락을 —— 우리가 오늘날 다시 겪고 있는 것 같은 인류의 광증의 폭발을 —— 무력하게 바라보아야만 했던 것, 흔들림 없는 정신의 각성과 누구보다도 뛰어난 공감 능력으로 인해 영혼이 깊은 충격을 받고 있는데도 아무 일도 할 수 없었다는 것이야말로 몽테뉴의 삶에서 근원적인 비극이었다. 그는 평화와 이성, 온화함, 관용 등 자신이 영혼을 다 바쳐 맹세한 고결한 정신적 힘들이 자기 세계, 자기 나라에서 효력을 내는 것을 평생 단 한순간도 보지 못했다. 처음으로 시대를 바라보았을 때나 마지막으로 시대를 바라보았을 때에도 그는 (오늘 우리가 그러하듯이) 두려움에 차서, 자신의 조국과 인류를 치욕스럽게 하는 증오의 생지옥에서 고개를 돌렸다.

그가 아직 소년 티를 벗지 못한 열다섯 살 때 보르도에 살던 그의 눈앞에서, '가벨'gabelle(소금세)에 맞서 일어난 민중 봉기가 잔인한 폭력을 통해 진압되었다. 그 일로 인해 그는 평생 온갖 잔혹함에 대해 가장 격렬하게 맞섰다. 아직 소년이던 그는 인간이 가장 고약한 본능으로 고안해낸 온갖 잔인함을 다 동원하여 수백 명의 목숨을 빼앗는 것을 목격했다. 목매달아 죽이고, 말뚝에 박아 죽이고, 바퀴에 매달아 죽이고, 사지를 찢어 죽이고, 머리를 베어 죽이고, 불에 태워 죽이는 꼴과 여러 날 동안이나 까마귀들이 처형장 주변을 날아다니면서 불에 태워진, 또는 절반쯤 썩은 희생자들의 살점을 뜯어 먹는 꼴을 보았다. 고문당하는 사람들의 외침을 듣고, 불에 탄 인육 냄새가 골목길에 떠도는 것을 경험했다.

소년이 자라자마자 내란(가톨릭과 개신교 간의 종교전쟁)이 일어나 광신적인 이데올로기들로 프랑스를 완전히 황폐하게 만들기 시작했다. 오늘날 국가사회주의(나치) 광신자들이 세계를 이쪽 끝에서 저쪽 끝까지 완전히 황폐하게 만드는 것과 같은 일이었다. '샹브르 아르당트'Chambre Ardente(대개 화형 선고를 내리던 법정)는 개신교도들을 화형에 처했고, 성 바르톨로메오의 밤에는 단 하루 만에 8천 명의 인간을 죽여 없앴으며, 그에 맞서 위그노(프랑스 개신교도)들은 범죄에는 범죄로, 분노에는 분노로, 잔인함에는 잔인함으로 응수했다. 그들은 교회를 기습하고 조각상들을 부수고, 증오심에 사로잡혀 죽은 자들의 평화까지도 빼앗았으니, 리처드 사자심왕과 정복자 윌리엄의 무덤을 파헤치고 약탈하였다.

군대가 마을과 마을, 도시와 도시를 휩쓸고 지나갔고, 가톨릭이든 위그노든 프랑스 사람이었으니 결국 시민과 시민이 맞선 것인데, 야만성에 사로잡혀 그 어느 쪽도 상대방을 향해 너그러움을 베풀 줄 몰랐다. 붙잡힌 위수병들은 한 명도 남김없이 죽임을 당했고, 던져진 시체들로 강물이 오염되었고, 파괴되고 약탈당한 마을이 12만 곳에 이르렀으며, 무슨 핑계로든 살인이 이루어졌다. 무장한 패거리가 개신교든 가톨릭이든 가리지 않고 성들과 여행자들을 습격했고, 집 앞 바로 근처의 숲까지 말을 타고 나가는 것도 새로 발견된 인도로 가는 것만큼이나, 또는 식인종에게 가는 것만큼이나 위험했다. 아무도 자신의 집이나 재산이 아직 자기 것인지 알 수 없었고, 붙잡히든 자유롭든 내일까지 자기가 살아 있을지도 알지 못했다. 1588년에 늙은 몽테뉴는 이렇게 썼다.

"30년 전부터 계속되어온 혼돈 속에서 모든 프랑스 사람은 (개인이든 전체로든) 매시간 자신의 운명이 완전히 뒤집힐 수도 있는 상황에 직면해 있다."

지상에 안전은 없었다. 몽테뉴의 청신적 관찰에는 필연적으로 이런 기본 감정이 깊숙이 반영되었다. 이 세상 밖에서 안전을 찾아야 했다. 신들린 사람들의 코러스에 휩쓸려 함께 미쳐 날뛰면서 자신의 조국과 세계를 죽이는 일을 멀리하려면, 조국에서 먼 곳, 시간의 저편에서 안전을 찾아야 했다. 그 시대에 인문주의적 인간이 어떤 느낌을 지녔는지는 —— 우리 자신의 감정과 무서울 정도로 비슷한 —— 라 보에시La Boètie가 1560년에 스물일곱 살이던 친구 몽테뉴에게 보낸 시가 증언해주고 있다. 이 시에서 라 보에시는 이렇게 외친다.

"대체 어떤 운명이 우리를 하필 이 시대에 태어나게 했단 말인가! 나라의 붕괴가 눈앞에 펼쳐져 있는데 나는 이민을 떠나는 것밖에는 달리 길이 없구나. 내 집을 떠나 운명이 나를 이끄는 곳으로 가는 수밖에는. 이미 오래전에 신들의 분노가 내게 도망치라 경고하며, 대양 저편 넓고도 활짝 열린 나라들을 가리켜 보였다. 우리가 살고 있는 세기의 초입에 파도를 뚫고 신세계가 불쑥 나타났다면, 그것은 잔인한 칼과 수치스러운 고통이 유럽을 붕괴시키도록 정해졌기에, 신들이 사람들에게 더 나은 하늘 아래서 자유롭게 자신들의 영역을 개척할 망명지로 그 땅을 주셨던 것이다."

우리 삶을 더욱 순수하고 아름답고 풍부하고 의미 있게 만들어주는 모든 것, 우리의 평화, 독립, 타고난 권리 등이 광신도와 이데올로기에 사로잡힌 겨우 열 명 남짓한 인간들의 광증에 제물로 바쳐진 시대에, 시대로 인해 자신의 인간성을 잃고 싶지 않은 사람의 모든 문제는 단 한 가지로 집중된다. 곧 '어떻게 하면 나는 자유롭게 남아 있을 수 있을까?' 하는 것이다. 이 온갖 위협과 위험에 맞서, 서로 다투는 당파들의 광기 어린 분노 한가운데서 어떻게 또렷한 정신을 유지하고, 이런 야만성 한가운데서 어떻게 마음속 휴머니즘을 손상시키지 않을 수 있을까? 내 의지에 반해 국가나 교회나 정치가 나를 몰아가는 전제적인 요구들에서 나는 어떻게 하면 빠져나갈 수 있을까? 말할 때나 행동할 때에 나의 가장 깊은 내면의 자아가 원하는 것 이상으로 더 나아가지 않도록 어떻게 나 자신을 지킬 수가 있는가? 나의 자아, 이 작은 구석에 우주 전체를 반영하는 유일무이한 나의 자아가 어떻게 하면, 외부에서 정해주는 척도를 따르는 태도들로부터 자유로울 수 있을까? 타인의 광증이나 이익을 위해 희생당할 위험에서 어떻게 나의 본래의 영혼과 오직 내게만 속한 물질인 내 몸, 내 건강, 내 신경, 내 생각, 내 느낌을 지킬 수 있을까?

몽테뉴는 자신의 삶과 힘과 노력과 기술과 지혜를 몽땅 동원해서 이 질문에 열중했다. 이런 자유를 얻기 위해서 모든 행동과 감정에서 자신을 관찰하고 감시하고 시험하고 질책했다. 그리고 모든 사람이 이데올로기를 위한 패거리 짓기의 노예 상태가 되어버린 시대에, 영혼의 구원과 자유의 보존을 위한 그의 탐색과 노력 덕분에 그는 오늘날 우리의 형제가 될 수 있는 것이다. 우리가 예술가인 그를 사랑하고 무엇보다 존경한다면, 그 까닭은 그가 다른 누구보다도 삶의 최고 기술을 위해 자신을 바쳤기 때문이다. '자신을 지킨다는 가장 높은 기술'(le plus grand art: rester soi-même)에 말이다. 더 평화롭고 조용한 시대의 사람들은 다른 관점에서 몽테뉴의 정신적·문학적·도덕적·심리적 유산을 바라보았다. 그들은 그가 회의론자냐 아니면 기독교도냐, 쾌락주의자냐 아니면 금욕적인 스토아학파냐, 철학자냐 아니면 즐기는 사람이냐, 작가냐 아니면 그냥 천재적인 딜레탕트냐 등을 놓고 싸웠다. 박사학위 논문이나 학자들의 논문에서 교육과 종교를 바라보는 그의 관점이 극히 세심하게 해부되고, 강의로도 전파되었다.

그러나 나는 몽테뉴가 오늘 우리 시대와 비슷한 시대에 스스로의 내면을 어떻게 자유롭게 만들었는가, 우리가 그의 책을 읽으면서 어떻게 우리 자신을 더욱 강하게 만들 수 있는가 하는 점에서만 그에게서 감동과 열정을 얻는다. 나는 그를 지상의 모든 자유인의 조상이자 수호성인이며 친구라고 여긴다. 모든 사람과 모든 것에 맞서 자신을 지킨다는 이 새롭고도 영원한 학문에서 그는 가장 뛰어난 스승일 것이다. 자신의 가장 내밀한 자아, 자신의 '본질'을 혼탁하고 독성이 짙은 시대의 거품에 뒤섞이지 않도록 깨끗하게 지키기 위해 그보다 더 정직하고 격렬하게 싸운 사람은 세상에 드물고, 내적인 자아를 자기 시대에서 구하여 모든 시대를 위해 보존하는 데 성공한 사람도 드물다.

가장 내적인 자유를 지키기 위한 몽테뉴의 싸움, 정신적인 인간이 지금까지 해온 것 중에 가장 의도적이고 가장 끈질긴 이 싸움은 겉으로는 조금도 고통스럽거나 영웅적인 모습으로 보이지 않는다. 몽테뉴를 '인류의 자유'를 위해 언어로 싸움을 한 시인과 사상가 계열에 집어넣으려 한다면 억지가 될 것이다. 그는 실러, 바이런 등의 유려한 연설이나 아름다운 비약의 그 어떤 요소도 지니지 않았고,

볼테르가 지닌 공격성도 없었다. 몽테뉴는 내면의 자유 같은 개인적인 것을 다른 사람, 하물며 대중에게 전파하겠다는 생각에 대해 미소를 지을 것이다. 그는 직업적인 세계 개혁가, 신학자, 신념 소비자를 영혼의 가장 깊은 밑바닥에서부터 싫어했다.

그는 이 무시무시한 과제가 자기 내면의 독립성을 지킨다는 의미일 뿐이라는 것을 매우 잘 알고 있었다. 그러므로 그의 투쟁은 순전히 방어에만 국한된 것이었다. 저 내면의 보루, 괴테가 '치타델레'Zitadelle리 불렀던 '성채 내부의 작은 보루'를 잘 지키고 아무도 그 안에 들어오지 못하게 하는 일에만 국한되었다. 그의 전략과 기술이라야 가능한 한 외부에 눈에 띄지 않게 남아 있는 것이었다. 일종의 위장용 외투를 입고 세상을 지나쳐 가면서, 자기 자신을 향하는 길을 찾아내는 것이었다.

그렇기에 몽테뉴의 삶에는 보통 전기傳記라고 부를 만한 요소가 없다. 그는 어떤 충돌도 일으키지 않았다. 평생 출세하려 하지 않았고, 또한 자신의 생각을 들어줄 청중이나 찬성해줄 사람을 구하려 하지 않았기 때문이다. 밖을 향해서는 시민이며 공무원, 남편, 가톨릭 신자로서 자신의 의무가 요구하는 일을 행했다. 바깥세상을 향해 눈에 띄지 않는 보호색을 취하면서, 안으로는 자신의 영혼이 온갖 뉘앙스를 다하여 색채 유희를 펼치게 하고 그것을 관찰하였다. 언제든 자신을 빌려줄 용의는 있었으나 그 무엇을 위해서도 자신을 온전히 바칠 생각은 없었다.

그는 생애의 온갖 형식에서 가장 좋은 것, 자기 본질의 핵심을 언제나 감추었다. 다른 사람들이 이야기하고 패거리를 짓고, 열성을 다하고 설교하고 행진하도록 내버려두었다. 세상이야 그 혼란스럽고도 어리석은 길을 가게 내버려둔 채 자신은 오직 한 가지 일에만 신경을 썼으니, 곧 자기 자신을 위해 이성적으로 남아 있기, 비인간성의 시대에 인간적인 사람 되기, 미친 듯이 패거리 짓는 한가운데서 자유롭게 남아 있기만을 원했던 것이다. 다른 사람이 자기를 보고 무심하다고, 우유부단하고 비겁하다고 욕하도록 내버려두었고, 남들이 더욱 높은 직위와 품위를 향해 나아가지 않는다고 그를 이상하게 여겨도 그냥 두었다. 그를 잘 아는 가장 가까운 사람들조차도 그가 이런 공직의 그늘 속에서 얼마나 오래 끈질기고 영리하고도 유연한 태도로 스스로에게 부과한 단 한 가지 과제에 정진했는지 짐작도 못했다. 공허한 삶이 아닌 자기만의 삶을 산다는 과제였다.

그럼으로써 언뜻 행동이 없어 보이는 이 사람은 그 누구와도 비할 바가 없는 행동을 하였다. 자신을 유지하고 묘사함으로써, 그는 시대를 초월한 벌거벗은 인간을 자기 안에 그대로 보존하였다. 그 덕분에 그의 시대의 온갖 신학 논문과 철학적 탐색들이 오늘날 우리에게 낡고도 낯설게 보이는 데 반해, 그는 우리와 같은 시대에 속하는 사람으로 남았다. 오늘날의 인간 또는 어느 시대에나 속하는 인간으로 남았으며, 그의 투쟁은 지상에서 가장 현실적인 것으로 남았다. 몽테뉴의 책을 펼치면 펼치는 곳마다 우리 자신의 문제를 다루고 있다는 느낌을 받게 된다. 지금 이 시대에 내 영혼에 가장 내밀한 근심을 만들어내는 일들에 대해 내가 생각할 수 있는 것보다 그가 더욱 명료하고 뛰어나게 생각하고 말했다는 느낌을 받는 것이다. 여기에는 나의 자아가 반영된 '너'가 있다. 여기서는 시대를 나누는 그 먼 거리가 사라진다. 책 한 권, 곧 문학이나 철학 책 한 권이 아니라, 나의 형제와 내게 충고를 해주고 나를 위안하고 나와 친밀한 인간, 내가 그를 이해하고 또 그가 나를 이해하는 한 인간이 나와 함께 있다는 느낌이 드는 것이다.

    내가 『수상록』을 손에 들면 어두컴컴한 공간에서 종이는 사라지고 만다. 누군가가 숨을 쉬고, 누군가가 나와 함께 살며, 어떤 낯선 사람이 내게로 와서는 더는 낯선 사람이 아닌 친구 같은 느낌을 주는 사람이 되는 것이다. 4백 년 세월이 연기처럼 사라져버린다. 내게 말을 거는 사람은 프랑스의 실종된 왕의 시종이었던, 프랑스 남서부에 있는 페리고르의 성주인 몽테뉴가 아니다. 잔주름이 잡힌 흰색 외투를 벗고, 뾰족한 모자와 검도 내려놓고, 성 미셸 수도회의 당당한 목걸이도 목에서 벗어버렸다. 나를 찾아온 방문객은 더 이상 보르도 시장이 아니다. 옛날의 신사도, 문필가도 아니다. 그냥 친구가 찾아와 내게 충고를 하고 자기 이야기를 들려준다. 이따금 그 목소리에는 우리 인간 본질의 부서지기 쉬운 속성, 우리 이해력의 불충분함, 우리 지도자들의 속 좁음, 우리 시대의 모순과 잔인함에 대한 나직한 슬픔이 드러나기도 한다. 그의 제자이기도 한 셰익스피어가 가장 사랑스러운 인물들인 햄릿, 브루투스, 프로스페로(셰익스피어의 희곡 『템페스트』에 등장하는 주인공)에게 불어넣어 잊을 수 없게 만든 저 고귀한 슬픔이다.

하지만 그다음에는 다시 그의 미소가 느껴진다. 어쩌자고 그 모든 일을 그렇게 힘들게 받아들여? 너의 시대의 부조리와 야만성을 앞에 두고 어쩌자고 그렇게 힘들어하고 풀이 죽지? 그 모든 것은 너의 피부만을, 너의 외적인 삶만을 건드릴 뿐 진짜 내면의 자아는 건드리지 못하는데. 이런 외부의 힘은 네가 스스로 헷갈리지 않는 한 네게서 아무것도 뺏어가지 못하고 네게 방해가 되지도 못한다. "분별력이 있는 인간은 아무것도 잃을 게 없다." 시대의 사건들은 네가 거기에 동참하기를 거부하는 한 네게 아무런 힘도 발휘할 수 없다. 네가 스스로 명료함을 지닌다면 시대의 광증은 진짜 곤궁이 아니다. 너의 체험 중에서 가장 고약한 것들, 패배로 보이는 것들, 운명의 타격은 네가 그런 것들 앞에서 야해질 때만 그렇게 느껴지는 것이나. 그런 일들에 가치와 무게를 두고, 그런 일에 즐거움이나 고통을 분배하는 사람이 네가 아니라면 대체 누구냐? 너 자신 말고는 그 무엇도 너의 자아를 귀하거나 비천하게 만들지 못한다. 외부에서 들어온 가장 힘든 압력도 내적으로 확고하고 자유로운 사람을 쉽게 들어 올리지 못한다.

특히 개별적 인간이 자신의 영적인 평화와 자유가 위험에 빠진 것을 느낄 때면, 언제나 몽테뉴의 말과 지혜로운 충고가 아주 유익하다. 패거리 짓기와 혼란의 시대에 정직함과 인간성 말고 그 무엇이 우리를 더 잘 보호할 수 있을 것인가. 그의 책은 한 시간 또는 반 시간이나 붙들지 않아도 언제나 딱 알맞은 말을 찾아내게 한다. 자신의 독립성을 찾고자 하는 사람에게는 그가 이미 수백 년 전에 말한 내용이 언제나 거듭 타당성을 얻는 것이다. 우리 시대처럼 비인간적인 시대에는 우리 안에 있는 인간적인 것을 강화해주는 사람, 즉 우리가 가진 유일하고 잃어버릴 수 없는 깊은 내면의 자아를 그 어떤 외적인 강요를 위해서도, 시대나 국가나 정치적 강제와 임무를 위해서도 내버리지 말라고 경고해주는 사람만큼 고마운 사람은 없다. 모든 것과 모든 사람에 맞서 스스로 자유를 지킨 사람만이 지상에서 자유를 더욱 늘리고 유지해왔기 때문이다.

1   평민에서 귀족으로

: 너그럽고도 풍부한 교육방식은 몽테뉴가 특별한 영혼을 발전시키는 데 결정적인 행운이 되었다. 하지만 그런 교육방식이 제때에 끝난 것 또한 행운이었다.

『수상록』의 저자가 자신의 저서에 당당한 귀족 이름 '미셸 쇠르 드 몽테뉴'Michele Sieur de Montaigne라고 서명하고 귀족의 문장紋章을 내세우기 위해서는, 별로 큰돈도 아닌 9백 프랑의 비용이 들었다. 그의 증조할아버지가 1477년 10월 10일에 보르도의 대주교에게 9백 프랑을 주고 몽테뉴라는 성城을 사기 이전에, 그리고 그 손자인 몽테뉴의 아버지가 이 토지의 이름을 자신의 귀족 칭호로 사용할 허가를 받아내기 전까지, 몽테뉴의 조상들은 극히 단순하고도 시민적인 '에켐'Eyquem이라는 성姓을 썼기 때문이다. 영리하고도 회의적인 세계 지식을 가진 덕분에, 이 세계에서 잘 울리는 이름을—— 부르기 편하고 보존하기 좋은 아름다운 이름을—— 갖는다는 게 얼마나 유리한 일인지를 잘 알고 있던 미셸 드 몽테뉴는 아버지가 죽은 다음 비로소 모든 양피지와 문서에서 옛날의 성을 지워 없앴다. 이런 사정 덕분에 우리는 문학의 역사에서 『수상록』의 저자를 알파벳

현재 남아 있는 몽테뉴 성

E 항목에서 미셸 에켐으로 찾아보는 것이 아니라, M 항목에서 미셸 드 몽테뉴로 찾아보게 된 것이다.

에켐이라는 성은 수백 년 전부터 보르도에서 훈제 생선 냄새가 살짝 곁들여진 것이긴 해도, 상당히 좋은 울림을 지녀왔었다. 에켐 집안 사람들이 원래 어디서 보르도로 왔는지, 몽테뉴가 주장하듯이—조상들의 일에 관한 한 그는 믿을 수 없지만—영국 출신으로 "유명한 집안과 사촌 관계"인지, 아니면 그냥 근처 출신인지는 족보를 연구한 학자들도 아직 밝혀내지 못했다. 다만 에켐 사람들이 라 루셀 항구 지역에 소규모 중개상 사무소를 두고 훈제 생선, 포도주, 그 밖에 다른 물건들을 배에 실었다는 것만은 입증되었다. 생선과 다른 소매 물건들을 판매하는 일로부터 사회적 상층부로 올라가는 일은 몽테뉴의 증조할아버지인 라몽 에켐과 더불어 시작되었다.

라몽 에켐은 1402년에 메독 지방(세계 최고 수준의 와인을 생산하는 보르도 내의 와인 산지)의 블랑크포르에서 태어났고, 일찍감치 선주가 되었다가 신중한 영리함과 보르도에서 가장 부유한 상속녀와의 혼인을 통해서 집안의 재산을 축적하기 위한 토대를 마련했다. 일흔다섯 살의 늙은 라몽 에켐은 봉건영주인 보르도의 대주교에게서 귀족 저택인 몽테뉴 성을 사들임으로써 그의 생애에서 가장 영리한 투자를 했다. 평범한 장사꾼이 귀족의 성을 넘겨받은 일은 그 시대의 관습으로 보면 엄청난 사건이었다. 늙은 상인은 혼자서 커다란 성문을 통과해 버려진 성으로 들어가 빗장을 내렸다. 그리고 결국 하인과 소작인, 농사꾼, 정착민이 새로운 영주에게 맹세와 충성을 하게 되었다. 그의 아들 그리몽 에켐은 아버지보다 훨씬 더 소박한 사람이었기에 아버지가 남긴 유산에 조용히 머물렀다. 그는 재산을 늘리기는 했으나 절반쯤 무너진 낡은 성은 별로 보살피지 않은 채 그대로 버려두었다.

그러나 라몽 에켐의 손자이며 몽테뉴의 아버지인 피에르 에켐은 가족이 시민 세계에서 귀족 세계로 넘어가는 데 결정적인 행동을 했다. 그는 선박 중개업과 생선 장사를 그만두고 좀 더 기사적인 신분인 병사가 되었다. 젊은 시절에 프랑수아 1세를 따라 이탈리아 전쟁에 나갔고, 이 전쟁에서 일기——유감스럽게도 우리에게는 전해지지 않는——와 함께 성실히 근무한 데 대해 간절히 바라던 보상으로 쇠르 드 몽테뉴라는 귀족 칭호를 가지고 돌아왔다. 새로 만들어진 이 귀족은 자신의 할아버지가 조심스럽게 꿈꾸던 일을 성취했다. 절반쯤 무너진 저 낡은 몽테뉴 성을 당당한 터전으로 고쳐 지은 것이다. 부지런하고 정력적인 그가 수많은 과정을 통해 하나씩 사들인 너른 땅 한가운데에 두툼한 성벽과 탑들과 총안들을 갖춘 당당한 성이 솟아올랐다. 밖에서 보면 위풍당당한 이 요새는 인문주의 교육과 너그러운 손님 접대가 이루어진 장소였다. 젊은 병사 시절 그는 계속 성장하려는 더욱 큰 열의를 지닌 채 르네상스의 절정에 도달한 이탈리아를 구경했다. 그의 조상들이 단순히 돈에 대한 욕심과 이익을 좇았던 것에 반해 그에게는 더욱 고귀한 명예욕이 있었다.

그는 당당한 서재의 토대를 놓고, 교육받은 사람들, 인문주의자와 교수 들을 자기 집으로 불러들였으며, 엄청난 재산과 거대한 토지 관리를 소홀히 하지 않은 채 그 옛날 전쟁에서처럼 평화 시에도 왕에게 충성을 바치는 것을 귀족의 의무라 여겼다. 처음에는 그냥 프레보prévôt(관리인)와 쥐라jurat(프랑스 남부 도시의 시정관), 즉 도시의 배석판사 호칭을 얻었다가 마지막에는 보르도의 부시장에 이어 시장으로 선출되었다. 헌신적인 활동이 이토록 명예로운 자리를 마련해준 것이다. 몽테뉴는 병들고 지친 아버지의 헌신을 감동적으로 서술하고 있다.

"내가 아직 어렸던 시절에 이미 아버지가 늙어 보이던

것이 기억난다. 그의 영혼은 공직에서의 투쟁으로 고된 세월을 보냈다. 아버지는 정겨운 집을 두고 떠나야 했다. 아마도 나이로 인한 허약함도 시간보다 일찍 그를 붙잡았던 모양이다. 집안 환경이나 건강에서도 그런 영향을 받았고, 이미 자기에게서 떠나고 있다고 느끼던 생을 분명히 경멸했다. 그런데도 아버지는 시장으로서의 임무를 위해 길고도 힘든 여행을 떠나곤 했다. 성격이 그랬다. 그러면서도 이 모든 상태를 자연스럽고도 위대한 선량함으로 견뎠다. 아버지보다 더 착하고 인기가 있는 사람은 없다"(스트롭스키, 『몽테뉴』, 파리, 1938. 16쪽에서 재인용).

몽테뉴의 아버지 대에 이르러 두 번째로 결정적인 사회적 상승이 이루어졌다. 에켐 사람들은 자신과 가족만을 부유하게 하던 소상인에서 도시의 최고 시민이 되었고, 에켐이라는 성은 쇠르 드 몽테뉴로 바뀌었다. 이 성은 페리고르와 귀엔 일대에서 존경을 받았다. 그리고 그 아들이 집안의 사회적 상승을 완성하게 된다. 셰익스피어의 스승이자 왕의 고문관, 프랑스어의 명성과 지상의 모든 자유로운 생각의 수호자가 된 것이다.

아버지의 혈통이 라몽 에켐에서 그리몽 에켐을 거쳐 피에르 에켐에 이르는 짧은 3대 동안 사회적으로 엄청나게 상승하던 때에, 미셸 드 몽테뉴의 어머니 쪽 혈통도 동일한 리듬과 끈질김, 멀리 내다보는 안목, 영리함 등으로 사회적 상승을 이루었다. 미셸의 아버지인 피에르 쇠르 드 몽테뉴가 서른세 살에 앙투아네트 드 루프 드 빌뇌브 Antoinette de Louppes de Villeneuve 양과 결혼했을 때, 처음 보기에는 오래된 귀족 집안끼리 혼인을 맺은 것처럼 보였다.

하지만 멋지게 보이는 이 결혼 서약서 이외에 더욱 오래된 양피지 문서와 기록자의 주석을 찾아보면, 루프 드 빌뇌브의 귀족 칭호도 저 몽테뉴의 그것만큼이나 새로 만들어진 것이다. 카사노바 Giovanni Giacomo Casanova의 말을 인용하자면, 에켐 집안의 성姓만큼이나 멋대로 성의 알파벳을 바꾼 것이다. 생선 장수이던 라몽 에켐이 몽테뉴가 태어나기 백 년쯤 전에, 사회적으로 하층이던 시민 계급에서 기사 계급으로 사회적 상승을 위한 첫걸음을 떼던 바로 그 시기에, 스페인의 부자 유대인 모셰 파사곤 Mosche Paçagon도 사라고사에서 기독교 세례를 받음으로써, 법의 보호망 바깥에서 구박받는 유대인 집단에서 벗어나는 첫걸음을 시작했다. 에켐 사람들이 자식과 후손들에게서 본래의 출신 성분을 지우려고 노력했던 것과 똑같이, 그도 세례를 받은 다음 '가르시아 로페즈 드 빌라누오바'Garcia Lopez de Villanuova라는 이름으로 개명함으로써 유대인 이름 대신 스페인의 기사 계급으로 들리는 이름을 마련한 것이다.

광범위하게 가지를 뻗은 이 가문은 스페인 종교재판 시절의 통상적인 운명을 겪으며 살았다. 새로 기독교로 개종한 사람들 중 일부는 변신에 성공했다. 그들은 궁정의 고문관과 은행가가 되었다. 실력이나 운이 그보다 못한 일부 사람들은 스페인의 개종한 유대인인 마라넨Marannen의 운명을 따라 화형을 당했다. 그들 중에서 가장 영리한 자들, 저 에켐 사람들의 영리함에 조금도 뒤지지 않는 영리함을 지닌 자들은 제때에 스페인을 떠남으로써 종교재판관들이 자기들의 귀족적인 기독교 이름을 자세히 살펴보는 일을 면할 수 있었다. 가족 일부는 안트베르펜으로 이주해서 개신교도가 되었고, 가톨릭 계열의 다른 일부는 보르도와 툴루즈로 건너와 사업을 계속하면서 프랑스 사회에 적응하고, 출신을 더욱 은폐하기 위해 프랑스식 성姓인 '루프 드 빌뇌브'를 사용하게 되었다.

빌뇌브 가문과 몽테뉴 가문 또는 에켐 가문과 파사곤 가문 사이에는 이런저런 사업상의 거래가 있었다. 세계를 위해 가장 성공적인 최후의 거래가 1528년 1월 15일에 성립되었으니, 바로 피에르 에켐과 앙투아네트 드 루프의 결혼이었다. 신부는 금화 1천 냥을 지참금으로 가져왔다. 미셸 드 몽테뉴가 뒷날 이 지참금이 상대적으로 빈약했다고 서술한 것을 보면, 당시 에쾜 가문이 얼마나 부유했는지 짐작이 간다.

이 유대인 혈통의 어머니는 50년 이상 몽테뉴와 한 집에서 살았고, 심지어는 유명한 아들보다도 더 오래 살았다. 그러나 몽테뉴는 자신의 작품이나 저술에서 어머니에 대해 단 한마디도 언급하지 않는다. 그녀가 남편과의 사이에 다섯 자녀를 두었고, 두 집안을 묶어 두 배가 된 영리함으로 남편이 죽을 때까지 귀족 집안을 관리했다는 사실 말고는 그녀에 대해 알려진 바가 없다. 어쨌든 그녀는 유언장에 자랑스럽게 이렇게 적을 수가 있었다.

"내가 드 몽테뉴의 집에서 남편과 함께 지낸 40년 세월 동안에 나는 열심히 일했고, 나의 노력과 조심성을 집안을 경영하는 데 바침으로써 이 집의 가치가 더욱 높아지고 나아지고 훨씬 더 커지게 되었다"(스트롭스키, 『몽테뉴』, 27쪽).

그녀에 대해 더 이상은 알려진 바가 없다. 그리고 몽테뉴가 그 모든 저술에서 어머니에 대해 단 한 번도 언급하지 않은 일을 두고, 그가 비록 매사에 영리했으나 귀족의 허영심에 사로잡혀서 —— 허영심의 예를 들자면, 유언장에서 몽테뉴는 조상들의 매장지에 묻히고 싶다고 말했지만 실제로는 아버지만 몽테뉴 성에 매장되어 있었다——자신의 유대 혈통을 은폐하려 했다는 쪽으로 해석되는 경우가 대부분이었다. 하지만 몽테뉴는 어머니에 대해 언급하지 않았을 뿐만 아니라 아내에 대해서도 한 군데 헌사를 빼고는 전혀 언급하지 않았으며 딸에 대해서도 마찬가지였다. 그의 세계관은 정신적인 영역에서 여성을 전혀 고려하지 않던 고대의 관점에 따라 형성된 것이었다. 따라서 우리는 에켐 집안의 손자가 모세 파사곤의 손녀에게 특별한 애정을 가졌는지, 아니면 특별한 거부감을 가졌는지 알지 못한다.

이들은 힘차고도 건강한 두 줄기 힘으로서, 피라미드 방식의 가문 상승에 있어 그 정점인 몽테뉴에 이르러 마침내 그 힘이 완성되고 소진되었다. 가스코뉴의 생선 장수와 유대인 중개인 사이의 대립적이던 모든 것이 몽테뉴에게서 융합되어 하나의 새롭고도 통합된, 창조적인 형식으로 바뀌었다. 이 결합이 어찌나 완벽했던지 그가 이쪽 혈통에서 무엇을 물려받고 저쪽 혈통에서 무엇을 물려받았는지 억지가 아니고는 분간하기가 거의 불가능하다. 그가 중도의 인간 혹은 융합의 인간이 되어 거리낌 없이 사방을 바라보면서 모든 점에서 아무런 제한이 없는 '자유 사상가'(libre penseur)이며 '세계시민'(citoyen du monde)이 되었던 것, 한 종족 한 조국의 아들과 시민이 아니라 자유로운 관용정신을 가지고 나라와 시대를 초월한 세계시민이 되었던 것은 이런 가문의 결합을 통해 미리 운명으로 주어진 것이라는 것 외에는 달리 설명할 수 없다.

귀족의 이름 속에는 자신을 보존하여 후손에게 잘 전달하려는 의지가 포함되게 마련이다. 쇠르 드 몽테뉴라는 타이틀을 처음으로 지니게 된 저 피에르 에켐 드 몽대뉴의 경우에도 그랬다. 두 딸이 태어난 지 얼마 안 되어 죽은 다음 1533년 2월 마지막 날에 마침내 간절히 바라던 장남인 우리의 미셀 드 몽테뉴가 태어나자, 이것이 그의 마음에는 유명한 후손의 조상이 되겠다는 당당한 선포가 되었다. 아들이 태어난 순간부터 아버지는 더욱 고귀한 결정에 아들을 맡길 생각뿐이었다. 그 자신이 교육, 문화, 사회적 지위의 모든 면에서 아버지를 능가했듯이, 아들 또한 자신을 능가해야 한다고 여겼다.

그래서 장 자크 루소가 태어나기 250년 전, 페스탈로치가 태어나기 3백 년 전인 16세기 중반에 가스코뉴의 외진 성에서 생선 장수의 손자이자 병사 출신인 피에르 에켐 드 몽테뉴는 아들의 교육을 위해 모든 것을 철저히 생각하고 진행하기 시작했다. 인문주의 학자 친구들을 초빙하여 아들을 처음부터 인간적인 의미에서나 사회적인 의미에서 지극히 예외적인 존재로 키울 가장 좋은 방법을 상의했다. 당시로서는 상당히 놀라운 그의 교육적 배려는 많은 점에서 가장 현대적인 교육관들과 일치한다.

맨 처음 시작이 이미 놀라운 것이었다. 젖먹이가 요람을 벗어나고 어머니의 젖을 떼자마자 당시 왕실이나 귀족 가문에서 흔히 이루어지던 방식대로 유모를 집안으로 들이는 대신에, 아기는 몽테뉴 성에서 멀리 떨어진 곳, 즉 사회의 가장 밑바닥 계층인 벌목꾼에게로 보내졌다. 몽테뉴 집안에 속한 작은 촌락에 사는 사람들이었다. 그로써 그의 아버지는 아기를 일부러 '단순하고 까다롭지 않은' 사람으로 키우면서도 신체적으로 단련시키려 했을 뿐만 아니라, 당시에는 거의 이해도 되지 않던 민주적인 방식으로 '아이를 민중 가까이로 보내서 우리의 도움을 필요로 하는 사람들의 생활조건을 직접 익히게' 하려고 했다. 어쩌면 피에르 에켐은 귀족 칭호를 지니기 이전 아직 시민이던 시절에, 몹시 쓰라린 심정으로 특권층의 오만을 겪었을지도 모른다. 그래서 그는 아들이 처음부터 스스로를 '상류층'이라고, 즉 특권을 지닌 사람 중에 한 명이라고 느끼지 않게 하려고 했다. '나를 도와주는 사람들을 바라보고, 내게 등을 돌리는 사람들에게 너무 기대지 않도록' 하려고 했던 것이다.

몽테뉴는 가난한 숯쟁이 오두막에서 검소하고도 엄격한 시간을 육체적으로 잘 견뎌냈던 것 같다. 그 자신의 말에 따르면 어린 시절 소박한 음식에 길들여서 '사탕, 잼, 쿠키' 대신에 농부들의 음식인 '검은 빵, 베이컨, 마늘' 등을 더 좋아했다고 한다. 몽테뉴는 평생 동안, 아버지가 자신을 어머니 젖을 떼자마자 그토록 선입견 없는 사람으로 만들어준 것을 고맙게 여겼다. 발자크는 어머니가 자기를 집에서 키우지 않고 겨우 네 살 때 위수병의 집으로 보낸 것을 두고 죽을 때까지 원망했던 데 반해, 몽테뉴는 이렇게 잘 고안된 실험에 대해 다음과 같은 말로 찬성했다.

"내게 아들들이 있다면 그들도 내가 겪은 운명을 자발적으로 겪기를 소망할 것이다."

3년이 지난 다음 아버지가 아들을 다시 몽테뉴 성으로 받아들이면서 몽테뉴는 다시 그만큼 급격한 변화를 맛보았다. 학자 친구들의 조언에 따라 신체를 단단히 만들었으니 이제는 영혼을 단련할 차례였다. 찬 곳에서 더운 곳으로 옮기듯이 어린 미셸은 프롤레타리아 환경에서 갑자기 인문주의 환경으로 넘어가게 되었다. 피에르 에켐은 처음부터 명예욕에 사로잡혀서, 아들을 주사위 놀이와 포도주와 사냥으로 하릴없이 시간을 보내는 게으른 귀족으로 만들 생각은 없었다. 그렇다고 단순한 상인이나 돈을 좇는 사람으로 키울 생각도 없었다. 아들은 정신적인 우월함, 교양과 문화를 통해 왕들에게 조언을 하면서 시대의 운명을 이끌고, 시골 구석이 아니라 훨씬 더 큰 세계에 정신적 고향을 두는, 저 최고 지식인들의 영역으로 올라가야 한다고 여겼다.

인문주의 시대에 이런 정신적 세계로 올라가는 열쇠는 라틴어였다. 그래서 아버지 몽테뉴는 이 마법의 도구를 가능하면 일찌감치 아들의 손에 쥐여주기로 결정했다. 어느 정도 코미디의 특성도 없지 않은 진기한 종류의 실험이 페리고르의 외딴 성에서 진행되었다. 아버지 몽테뉴는 상당한 비용을 들여서 일부러 프랑스 말을 한 마디도 못하는 독일의 학자 한 명을 불렀다. 또한 그에 못지않은 조수 두 명을 더 붙여주었는데, 그들은 라틴어 이외의 다른 말로는 아이와 이야기를 하면 안 되었다. 네 살 난 아이가 익힌 처음 몇 마디 낱말과 문장들은 라틴어였고, 아이가 프랑스 말을 동시에 익히는 바람에 라틴어 어법의 순수함과 완전함에 방해를 받지 않도록 어린 미셸의 주위로 보이지 않는 울타리가 쳐졌다. 아버지, 어머니 또는 하인들이 아이에게 무엇이든 알려주려면 그들 자신이 먼저 선생들에게서 라틴어 구절을 부스러기나마 배워 익혀야 했다. 그렇게 해서 몽테뉴 성에서는 교육적 실험을 위해 집안 전체, 즉 아버지, 어머니, 하인들과 네 살짜리 아이를 둘러싼 모든 사람이 라틴어를 배워야 하는 우스꽝스러운 상황이 만들어졌고, 그 덕분에 몇몇 라틴어 낱말과 이름들이 멀리 떨어진 이웃 동네까지도 퍼져나가게 되었다.

어쨌든 그 덕분에 원하던 결과가 나타났다. 장래의 위대한 프랑스 문장가는 여섯 살에도 여전히 프랑스 말은 단 한 문장도 모르면서 책이나 문법이나 그 밖에 그 어떤 강제도 없고 '회초리나 눈물도 없이' 가장 순수하고 완벽한 형식의 라틴어 말하기를 배운 것이다. 고대의 세계어이던 라틴어가 그에게 본래의 어미 말이 되었다. 그는 평생 동안 프랑스어 책보다 라틴어 책 읽기를 더 좋아했고, 깜짝 놀란 순간이나 갑작스럽게 외칠 때면 자신도 모르는 사이에 프랑스어가 아닌 라틴어가 입에서 튀어나왔다. 그가 한창이던 시절 인문주의의 붕괴가 일어나지 않았더라면 아마도 그의 『수상록』은 에라스무스의 작품들처럼 새롭게 경신된 이 고대어로 쓰였을 것이고, 프랑스는 가장 촉촉하고 뛰어난 문장가 한 명을 잃어버렸을 것이다.

하지만 아들에게 별다른 수고나 책도 없이 그냥 놀이처럼 라틴어를 익히게 한 이런 방법은 잘 고안된 교육 방향의 한 가지 작용이었을 뿐이니, 그 방향이란 몽둥이로 가혹한 규칙들을 머릿속에 박아 넣던 시대의 가혹한 교육방식과는 달리, 아이를 조금도 고생시키지 않으면서도 아이의 내적 성향에 따라 스스로 흥미를 느끼도록 키우는 것이었다. 인문주의자들이 교육열 높은 아버지에게 그렇게 충고한 것이 분명하다. 아이에게 "아무런 강제를 하지 않고, 아이의 의지와 소망이 그것을 향하도록 일깨움으로써 지식과 의무에 대한 취향을 갖도록" 하라고 말이다. "그 어떤 가혹함이나 부자연스러운 압력 없이, 영혼이 극히 부드럽고 자유롭게 고양될 수 있도록" 해준 것이다.

흥미로운 일화 하나가 페리고르의 별난 성에서 어느 정도까지 개인 의지에 따른 교육이 이루어졌는지를 증언해준다. 교사 한 사람이, 아이를 아침에 '단번에 갑자기' 잠에서 깨우면 '아이의 섬세한 두뇌'에 해가 된다고 말했던 모양이다. 그래서 아이의 신경이 이런 작은 놀라움도 겪지 않도록 특별한 방법이 고안되었다. 미셸 드 몽테뉴는 아침마다 작은 어린이 침대에서 음악 소리와 더불어 잠에서 깨어났다. 플루트 연주자나 바이올린 연주자들이 아이의 침대 주변에서 기다리고 있다가 신호가 떨어지면 부드러운 멜로디로 잠자는 아이를 꿈에서 깨어나게 했는데, 이런 섬세한 방식은 극히 세심하게 실행되었다. "나는 단 한순간도 시중드는 사람이 없었던 적이 없다." 부르봉 왕가의 아들도, 합스부르크 황제의 후손도 가스코뉴의 생선 장수와 유대인 중개인의 손자처럼 극진한 보살핌을 받으며 크지는 못했다.

아이에게 금지된 것이 하나도 없이 그가 지닌 성향의 모든 부분이 자유롭게 발전할 수 있도록 해주는 이런 슈퍼 맞춤형 교육은 하나의 실험이었는데 여기에 위험성이 아주 없지는 않았다. 반대를 겪거나 그 어떤 훈육을 받은 적도 없이 그런 식으로 버릇을 들이면, 아이가 타고난 악덕을 멋대로 발전시킬 가능성이 있다. 몽테뉴 자신도 뒷날 이렇게 느슨하고도 배려심이 깊은 교육방식이 자기에게 잘 들어맞은 건 오로지 행운 덕분이었다고 인정했다. "내가 올바르게 성장했다면 어느 정도는 내가 아무것도 모른

채 그냥 우연히 저절로 그렇게 되었다고 말하고 싶다. 내가 버릇없는 성향을 갖고 태어났더라면 상당히 탄식할 만한 결과를 빚어냈을지도 모르기 때문이다."

물론 이런 교육방식의 흔적은 좋은 측면에서든 나쁜 측면에서든 평생 남아 있었다. 특히 권위에 굴복하거나 기율에 따르는 일에 대한 고집스러운 반항과 어느 정도의 의지력의 위축이 보인다. 어린 시절의 교육방식 덕분에 나중에도 그는 강력한 강압에서 비롯된 긴장과 어렵고 규칙적이고 의무가 따르는 모든 일을 가능하면 피하고 언제나 오직 자신의 의지와 자신의 변덕만을 따르려는 버릇을 지녔다. 그가 자주 자기 자신에 대해 탄식하곤 하던 저 '연약함', 저 '근심 없음'은 아마도 어린 시절에 그 뿌리를 두었을 것이다. 하지만 그와 동시에 언제나 자유롭게 남아 있으려는 의지, 절대로 남의 의견을 무조건 따르지 않는 꺾을 수 없는 의지도 여기에 뿌리를 둔 것이다. 뒷날 몽테뉴가 자부심을 품고 다음과 같이 말했다면, 그것은 아버지의 선량한 배려 덕분에 얻은 것이었다. "나는 완전히 내 안에 머물면서 좋을 대로 스스로를 이끌어가는 일에 익숙한 자유로운 영혼을 지녔다."* 어린 시절에 무의식적인 감각으로 자유의 쾌락과 쾌감을 익힌 사람은, 결코 다시는 그런 자유를 잊거나 잃지 않기 때문이다.

이렇게 너그럽고도 풍부한 교육방식은 몽테뉴가 특별한 영혼을 발전시키는 데 결정적인 행운이 되었다. 하지만 그런 교육방식이 제때에 끝난 것 또한 행운이었다. 자유를 존중하기 위해서는 강제도 겪어보아야 하는데, 강제적인 교육도 몽테뉴에게 넉넉하게 주어졌던 것이다. 여섯 살이 되면서 그는 보르도의 콜레기움(학교)에 들어가 열세 살까지 그곳에 머물렀다. 그렇다고는 해도 이 도시에서 가장 부유한 남자이자 시장市長의 아들인 그가 그곳에서 특별히 힘든 대우를 받았다는 뜻은 아니다. 딱 한 번 회초리를 맞게 되었을 때도 그것은 '상당히 부드러운' 것이었다. 그래도 여전히 그는 학생의 의견은 물어보지도 않은 채 콜레기움의 관점을 학생에게 강요하는 상당히 엄격한 기율을 따라야 했다.

난생 처음으로 그는 규칙적인 시간에 따라 공부를 해야 했다. '자신의 의지에 따라서'만 공부하는 것에 익숙하던

---

* 츠바이크는 이 책을 쓰던 시기에 리우데자네이루에 살고 있던 스트롭스키의 책을 인용하고 또 그와 상의도 했다.
Strowski: *Montaigne, Sa vie publique*, Paris, 1938.
당시 츠바이크는 다음의 책도 참고하고 인용했다.
Marvin Lowenthal: *The Autobiography of Michel de Montaigne*, Boston, New York, Houghton, 1935.

아이의 본능은 강력하게 요약되고 준비된 대로 자기에게 주입되는 지식에 반감을 품었다. 그는 이렇게 탄식한다.

"선생들은 마치 파이프에 지식을 쏟아붓듯이 우리 귀에 대고 소리를 쳤으며, 우리가 할 일은 그들이 말해주는 것을 그냥 그대로 암기하는 것뿐이었다."

학생들이 자신의 의견을 발전시켜서 결실을 얻도록 하는 대신에 선생들은 죽은 내용을 학생들에게 넣어주었다. "우리는 그냥 기억력을 가득 채우기만 하면 되었다"고 탄식하면서 그는 묻는다.

"위장에 고기를 가득 채운다 해도 그것을 소화할 수가 없다면 대체 무슨 소용인가? 우리 안에서 바뀌지 않는다면? 우리를 강하게 만들고 우리 힘이 되어주지 않는다면?"

콜레기움의 스콜라 학자들이 그에게 사실과 숫자와 법칙과 체계 들을 익히게 한 것이—아무 까닭 없이 당시 그런 학교의 교사들을 현학자라고 부른 것은 아니었으니—특히 그의 마음에 들지 않았다. 선생들이 책에 담긴 지식을 강제로 암기시키고, 또 그들이 말해주는 내용 대부분을 스스로 깨달을 수 있는 최고의 학생들에게 그런 책 속의 망상을 설명해주는 게 싫었다. 받아들인 지식이 지나치게 많아서 학생 스스로 자신의 세계상을 만들어나가는 능력을 죽이고 있었다. "습기가 너무 많으면 식물이 시들고 기름이 너무 많으면 램프의 불이 꺼지듯이, 우리 정신의 능력도 공부할 재료가 너무 많으면 나쁜 영향을 받는다." 이렇게 주입된 지식은 기억력에 부담을 주어 영혼이 기능하지 못하게 한다. "무언가를 암기한다는 것은 무언가를 안다는 뜻이 아니라, 그냥 무언가를 기억 속에 지니고 있다는 뜻일 뿐이다."

리비우스와 플루타르코스의 책에서 카르타고 전쟁의 연도를 아는 것보다 스키피오와 한니발의 성격을 아는 깃이 중요한 일이고, 차가운 역사적 사실이 아니라 그 인간적이고 영적인 내용이 중요하다. 뒷날 어른이 된 다음에 그는 자기에게 규칙과 사실 들을 억지로 주입한 학교 선생들에게 나쁜 점수를 주면서 좋은 교훈 하나를 가르쳐주었다. 그는 이렇게 말한다.

"우리 선생님들은 학생이 단순한 기억을 통해 무엇을 얻었는지가 아니라, 그가 자기 삶의 증언을 통해 무엇을 얻었는지를 평가해야 한다. 젊은이가 읽은 것을 모조리 스스로 검토하고 걸러내게 하고, 그 어느 것도 그냥 충실하게 믿거나 권위에 기대어 무조건 받아들이게 해서는 안 된다. 극히 다양한 의견들을 젊은이에게 제시하는 것이 옳다. 능력이 있다면 그는 스스로 선택을 할 것이요, 그렇지 않다면 그대로 의심스러운 상태에 있게 될 것이다. 하지만 다른 사람의 의견만 좇는 사람은 진짜 사태를 따라잡지 못하며, 아무것도 발견하지 못하고, 심지어는 찾으려고도 하지 않는다."

뛰어난 선생들만이 그런 자유정신에 의한 교육을 할 수가 있는 법이다. 물론 그의 선생들 중에는 뛰어난, 심지어 유명한 인문주의자들도 있었지만, 그들조차도 이 고집 센 소년에게는 아무것도 가르쳐주지 못했다. 그래서 소년은 아무런 고마움도 없이 학교에 작별을 고하고 '지금까지 계산에 넣을 만한 그 어떤 결과도 없이' 학교를 떠났다. 몽테뉴가 선생들에게 만족하지 못했듯이 선생들도 이 학생에게 특별히 만족하지는 못했던 것 같다. 온갖 책 지식, 학교 지식, 머리에만 있는 지식에 대한 반감, 온갖 강제와 기율과 질서에 대한 반감을 빼면 몽테뉴는——많은 뛰어난 사람들이 흔히 그렇듯이, 정신적인 집중력이 사춘기 이후에야 깨어났기에——빠르고 유연한 이해력이 부족했다.

뒷날 그토록 명료하고 빠르고 호기심이 강한 이 정신은 성장 기간에는 특이할 정도로 멍한 상태에 빠져 있었다. 특별한 게으름이 그를 짓눌렀다. "나는 건강했고, 천성적으로 부드럽고 사람들과 친해지기를 좋아했지만, 당시에는 늘 우울하고 굼뜨고 졸려서 누구도 나를 이런 게으름에서 벗어나게 할 수가 없었다. 심지어는 나를 놀게 만들 수도 없었다"(스트롭스키, 『몽테뉴』, 35쪽). 날카로운 관찰의 능력은 그의 안에 이미 존재하고 있었지만 그냥 잠재된 상태였고 아주 드물게만 나타났다. "나는 무엇을 보든 아주 잘 관찰할 수 있었고, 우울한 성격이라는 덮개 아래서 나이를 뛰어넘는 매우 대담한 생각과 관점 들이 자라고 있었다"(스트롭스키, 『몽테뉴』, 35쪽). 하지만 이런 행운의 순간들은 오로지 내면을 향해서만 작용했다. 이런 순간들은 선생들의 눈에는 띄지 않았다. 몽테뉴는 그들이 자기를 너무 얕잡아보았다고 비난하지 않고 그냥 자신의 젊음에 가혹한 점수를 매겼다. "내 정신은 게을러서 사람들이 채찍질을 하는 만큼만 앞으로 나아갔다. 나의 파악 능력은 나중에야 발전했다. 창의력은 힘이 없었고, 무엇보다도 나는 믿을 수 없을 정도로 나쁜 기억력으로 고통을 받았다."

하지만 학교에서 아이들의 재능을 격려하여 결실을 맺게 하지 못할 경우, 그 메마른 방법은 뛰어난 재능을 가진 사람에게 가장 많은 고통을 준다. 몽테뉴가 청춘을 위한 감옥(학교)에서 무사히 빠져나왔다면, 그것은 그가 다른 많은 사람들처럼—— 발자크가 『루이 랑베르』에서 가장 훌륭하게 서술하였고, 그보다 먼저 그리고 그 뒤로도 수없이 서술된 일이지만—— 은밀하게 위안을 주는 존재를 찾아냈기 때문이다. 그것은 바로 교과서가 아닌 문학책이었다. 루이 랑베르처럼 그도 자유로운 독서의 마법에 빠져서 다시는 벗어나지 못했다. 젊은 몽테뉴는 열광적으로 오비디우스의 『변신』, 베르길리우스의 『아이네이스』, 테렌티우스와 플라우투스의 희곡들을 자신의 원래 언어이기도 한 라틴어로 읽었다. 고전 작품에 대한 이해력과 언어 능력은 콜레기움에서 성적이 나쁘고 늘 나른해하던 학생을 특별한 방식으로 다시 명예롭게 해주었다. 그의 선생 중 한 명은 뒷날 스코틀랜드 역사에서 특별한 역할을 하게 되는 조지 부캐넌George Buchanan으로, 당시 존경받는 라틴어 비극 작가였다. 학교 연극 공연에 올린 부캐넌의 작품과 그 밖의 라틴어 작품을 올린 무대에서 몽테뉴는 배우 역할을 성공적으로 해냈다. 다른 배우들은 그의 목소리 조절 능력과 일찌감치 배운 라틴어의 능숙함을 따라잡지 못했다. 길들이기 힘든 이 소년의 교육은 열세 살에 일단 끝났다. 그때부터 몽테뉴는 평생 동안 스스로 자신의 스승이자 제자가 되었다.

콜레기움을 마친 다음 그는 아버지 집에서 원기를 회복할 시간을 가졌던 것으로 보인다. 그런 다음에 툴루즈 대학교 아니면 파리 대학교에서 법학을 전공했다. 어쨌든 그는 스무 살에 자신의 성장 과정이 끝났다고 표현한다. "나에 관해서 말하자면, 우리 영혼이 스무 살이면 이미 장래의 모습을 갖추게 되며 그런 다음엔 그 영혼에 주어진 온갖 소질들이 모습을 드러낸다고 믿는다. …… 이 시점부터 내 정신과 육체는 늘어나기보다는 오히려 줄어들었으며, 앞으로 나아가기보다는 뒤로 물러섰다는 게 분명한 현실이다."

처음으로 신선함과 생기를 보여주는 이 시기 몽테뉴의 초상화는 우리에게 전해지지 않는다. 하지만 몽테뉴는 평생 동안 세심하고 즐겁고 예리하게 거듭 자기 자신을 서술하고 있어서, 진리에 대한 그의 사랑을 신뢰하면서 그의 얼굴 모습을 넉넉히 그려볼 수 있다.

신장은 아버지를 닮아 눈에 띄게 작은 편이었다. 이는 그 자신이 약점이라 느끼고 탄식하는 부분이었는데, 평균 이하였던 그의 키는 한편으로 그를 눈에 띄게 만들었고 다른 한편으로는 그의 권위를 줄이는 것이었기 때문이다. 그래도 이 젊은 귀족을 보기 좋게 만들어주는 외적 요소들은

몽테뉴의 초상

충분했다. 탄탄하고 건강한 신체, 섬세한 얼굴 선과 잘생긴 코를 중심으로 한 달걀형 얼굴 윤곽으로 모든 선이 섬세하고 아름답게 솟아오른 모습, 매끈한 이마와 아름다운 반달 모양의 눈썹, 촉촉한 입술 위아래로 자란 밤색 수염이 은밀한 의도인 것처럼 그의 모습을 가려준다. 날카롭게 응시하는 광채로 빛나는 두 눈은 젊은 시절에는 아직, 뒷날의 초상화들에 나타나는 약간 우수에 잠긴 눈길을 보여주지는 않았을 것이다.

그 자신의 고백에 따르면 그는 늘 그렇지는 않았어도 기질이 "생동감 있고 유쾌하면서도 조용하고 침착한" 편이었다. 다만 기사의 미덕인 힘과 운동 능력에서는 아버지의 민첩성과 생동감을 갖지 못했다. 아버지는 예순 살에도 여전히 엄지발가락만으로 딛고 설 수 있었고, 책상을 건너뛸 수 있었으며, 폭풍이 칠 때면 언제나 성城의 계단을 한 번에 세 개씩 뛰어 올라갔다. "나는 활동하는 것에 능숙한 적이 없었다. …… 음악이나 노래, 또는 악기 연주 그 무엇도 배우지 못했다. 그쪽으로는 재능이 없었던 것이다. 춤, 구기 경기나 레슬링에서도 중간을 넘어간 적이 없다. 수영, 장애물 뛰어넘기, 넓이뛰기, 펜싱 등은 완전히 실패였다. 내 손가락은 어찌나 요령이 없는지 내가 써놓은 것도 읽을 수가 없었다. 내가 찍찍 그어놓은 것을 정서하려고 애쓰기보다는 차라리 다시 쓰는 게 나을 정도였다. …… 나는 편지 한 통을 제대로 다 쓸 수가 없고, 깃털 펜을 깎을 줄도 모르고, 책상을 제대로 정돈할 수가 없다. 또 말에 안장을 올려놓거나 매를 날려 보내거나, 개, 새, 말 들과 잘 지내는 법도 모른다."

그의 감각은 사람들과의 교류를 향한 것이었다. 그 자신의 발언에 따르면 여자들이 아주 일찍부터 그의 마음을 유혹했는데, 여자들에 대한 이런 기쁨 말고도 그의 감각은 사교생활에 더 잘 맞았다. 특별히 생생한 상상력 덕분에 이런 일을 쉽게 파악했다. 멋쟁이가 되지는 않은 채—그 자신의 고백에 따르면 "천성이 어느 정도 냉담함에 이끌리는" 탓에 "풍부한 의상이 어깨에 걸리면 언제나 약간 슬픈 모습을 만들어내는" 종류의 사람이었기에—그는 사람들의 모임이나 동지를 찾으려 했고, 그가 진짜 좋아하는 것은 논쟁이었다. 하지만 플뢰레 펜싱 같은 논쟁이지 싸움이나 원한에 맺힌 종류의 논쟁은 아니었다.

천성적으로 온건하고 명료한 지성을 갖춘 몽테뉴는, 자기 속에서 자주 성급한 정열의 발작으로 이끄는 뜨거운 가스코뉴의 피를 경계했다. 몽테뉴는 모든 조잡함과 잔인함에 역겨움을 느끼고, 다른 사람이 고통받는 것을 보기만 해도 신체적으로 통증을 느꼈다. 젊은 몽테뉴는 배우고 익혀서 기억하는 지혜 외에, 삶과 자신을 사랑하는 본능적인 지혜도 가졌다. 그의 내면에서 아직은 아무것도 결정되지 않았고, 지향할 그 어떤 목적도 보이지 않았으며, 뚜렷하거나 압도적인 그 어떤 재능도 보이지 않았다. 스무 살짜리 청년은 아직 아무런 결정도 내리지 못한 채 호기심 어린 눈길로 세상을 바라보았다. 그는 세상이 자기에게 무엇을 줄 것인지, 그리고 자기는 세상에 무엇을 주게 될 것인지 궁금했다.

: 그것은 외부세계와의 작별이었다. 지금까지는 다른 사람들을 위해 살았지만 이제는 자기 자신을 위해 살고자 했다.

1568년에 그의 아버지 피에르 에켐이 사망한 날은 몽테뉴의 삶에서 결정적인 날이 되었다. 그 전까지는 아버지, 어머니, 아내, 형제자매들과 함께 성城에 살면서 그곳을 열성적으로 '우리 조상들의 성'이라고 부르긴 했지만, 그가 재산이나 경영이나 사업 등에 신경 쓸 필요는 없었다. 아버지가 사망하면서 그는 상속자, 그것도 부자 상속자가 되었다. 장남인 그에게 귀족 칭호가 넘어오고 1만 리브르의 연금도 함께 주어졌다. 하지만 어머니가 가져온 지참금을 변제해야 했고 여러 의무도 있었기에, 책임을 져야 하는 부담도 함께 떠안아야 했다. 집안의 가장으로서 그는 별로 내키지는 않았지만 자신의 행동과 방임에 대한 책임을 떠맡고, 수많은 자질구레한 사업들을 경영하고, 일상적인 계산을 하거나 적어도 검토라도 해야 했다.

하지만 규칙적인 작업, 의무감, 지속성, 끈질김, 염려 등 체계적인 미덕을 요구하는 일보다 그가 더 싫어하는 일은 없었다. 자기가 중년의 나이에 이르기까지 집안 살림 보살피는 일에 얼마나 소홀했는지를 그는 거침없이 고백하고 있다. 토지, 농지, 숲, 초지, 포도원 등의 소유자인 이 사람은 자기가 "땅에 있는 것이든 창고에 있는 것이든 차이가 아주 분명하지 않으면 곡식 종류를 분간하지 못했다"고 말한다. "나는 밭에서 자라는 것이 양배추인지 샐러드인지 잘 모른다. 아이들도 모두 알고 있을 법한, 가장 중요한 농기구나 기본적인 물건들의 이름도 알지 못한다. …… 빵을 굽는 데 효모가 어떤 역할을 하는지, 큰 통 속에서 포도주를 섞으면 무슨 일이 일어나는지 등에 대해 내가 아무것도 모른다는 사실을 들키지 않고 그냥 넘어가는 달이 없을 정도다."

또한 이 새로운 농장주는 화분용 삽과 큰 삽을 어떻게 쓰는지 모르는 것만큼이나 대농장 살림살이에도 별 재주가 없었다. "나는 반드시 내 손을 거치며 내 통제를 받아야 할 계약서를 정밀하게 읽거나 협약 문서를 검토하는 일 따위를 묵묵히 해낼 수가 없다. 세속적이고 허망한 일들에 대한 철학적인 멸시 때문이 아니다. …… 그게 아니고 용서하기 어려운 유치한 게으름과 무심함 탓이다. 그런 계약서를 읽는 일을 안 하기 위해서라면 무슨 일인들 못하랴"(마빈 로웬탈, 『몽테뉴의 자서전』, 125쪽에서 재인용). 자기에게 주어진 유산 자체는 환영했다. 내적인 자립을 확보하기 위해서 몽테뉴는 자기 재산을 사랑했지만 그것을 관리하지 않고도 가질 수 있기를 바랐다. "내가 손실이나 사업상의 갈등을 모른다면 정말 좋겠다." 그래서 딸이 태어나자마자 장차 사위가 이 모든 일과 근심을 자기에게서 가져가주기를 소망하였다.

그 자신의 말에 따르면 그는 손실에 대해 화를 내지 않기 위해서 "내가 얼마나 많은 재산을 갖고 있는지 몰랐으면" 하고 바라기도 했다. 정치나 지상의 다른 모든 일을 하는 방식대로 재산 관리를 하기를 바랐다. 그러니까 마음이 내킬 때만 그것도 온 정성을 기울이지 않고 그냥 대충 하기를 원한 것이다. 그는 재산이란 매일 매시간 지켜야 하는 위험한 선물이라는 것을 깨달았다. "지금 내가 누리는 삶을 사업상의 여러 요구들로 구속받지 않는 더욱 단순한 삶과 바꿀 수가 있다면 완전히 만족할 것이다."

몽테뉴는 자신의 어깨를 내리누르는 이 황금의 짐을 가볍게 하기 위해서 다른 짐을 내던지기로 결심했다. 아버지의 명예욕은 그를 공직 생활로 내몰았다. 그는 약 15년 동안이나 의회의 하급법원 배석판사 자리를 차지한 채 그 이상은 올라가지 않았다. 아버지가 죽고 나서 그는 그 일을 운명에 내맡겼다. 15년 동안이나 의회의 제1심 서류심사실의 제10번 배석판사 직위를 맡고 나서야 대법원으로 진급할 후보가 되었다. 하지만 1569년 11월 14일 대법원은 장인이 대법원장이고 처남도 대법원 소속이라는 핑계로 몽테뉴의 진급을 거부했다. 이 결정은 그에게 불리한 것이었지만 더욱 높은 차원의 의미에서 그에게 유리한 것이기도 했다. 이로 인해 몽테뉴는 공직을 포기할 근거 혹은 핑계를 갖게 되었기 때문이다.

그는 자신의 지위를 내려놓았다기보다 오히려 그것을 팔아버리고 이날부터는 오로지 자기 생각대로만 공직에 봉사하게 된다. 이따금 특별한 임무가 자기를 유혹할 때에만 나선 것이다. 이렇게 공직에서 물러나 사생활로 돌아간 데에는 비밀스러운 다른 이유들도 함께 작용하지 않았겠느냐에 대해서는 무어라 추측하기 어렵다. 어쨌든 몽테뉴는 이 시대가 어느 한쪽 편을 들 것을 강요하는 시대임을 알아차렸다. 그는 그런 결정을 좋아하지 않았다. 공적인 분위기는 이제 차츰 독성을 띠게 되었다. 개신교도들이 다시 무기를 집어 들었고, 바르톨로메오 밤의 학살이 다가오고 있었다. 몽테뉴는 친구인 라 보에시와 같은 생각으로,

자신의 정치적 과제는 오로지 화해와 관용에만 있다고 여겼다. 성향으로 보면 그는 두 당파 사이에서 중재자 노릇을 할 사람이었고, 공직에서 그의 진짜 공로는 언제나 저 비밀스러운 중재와 협상에 있었다. 하지만 이제 그런 협상의 시대는 지나갔다. 이것이냐 저것이냐를 선택해야 할 시간이 다가오고 있었다. 프랑스는 위그노 아니면 가톨릭 세상이 될 판이었다. 다가올 몇 해는 엄청난 책임을 불러올 것이고, 몽테뉴는 온갖 책임을 단호히 혐오했다. 그는 그런 결정에서 빠지려고 했다. 광신 시대의 현자로서 그는 은둔과 물러남을 원했다.

사람들은 너무 늦게야 그에게 부당한 대우를 했다는 것을 깨달았다. 그는 나중에야 왕에 의해 생 미셸 수도회 기사로 임명되었고, 생애 마지막 시기에는 고문관으로 임명되었다. 몽테뉴는 사납거나 눈에 띄는 일을 한 적이 없다. 그는 항의하지도 않았고 음모를 꾸미지도 않았다. *

미셸 드 몽테뉴는 성을 넘겨받으면서, 아버지가 축성을 위해 마련한 듯이 보이는 둥글고 높고 단단한 탑 건물 하나를 찾아냈다. 어두운 지층에는 작은 예배당이 있고 그

---

* 저자가 이 문단을 나중에 더 다듬을 생각이었던 것으로 보인다.—원서 편집자주

몽테뉴의 성안의 작은 성 치타델레

안에는 절반쯤 지워진 프레스코화에 대천사 미카엘이 용을 물리치는 장면이 그려져 있었다. 좁은 나선형 계단을 올라가면 1층의 둥근 방에 이르게 되는데, 몽테뉴는 격리되어 있는 이 방이 좋아서 자기 침실로 삼았다. 그 위층에는, 이제껏 '집 전체에서 가장 쓸모가 없는 공간'으로서 잡동사니를 모아둔 방이 있었다. 몽테뉴는 이곳을 집에서 가장 중요한 공간으로 바꾸었다.

 이곳을 서재로 만들어 명상의 공간으로 삼은 것이다. 이 방에서는 자기 집과 너른 농지가 내려다보였다. 호기심이 생기는 순간이면 무슨 일이 일어나는지 바라볼 수 있었고, 모든 것을 감시할 수도 있었다. 하지만 아무도 그를 감시할 수는 없었고, 이런 외진 공간에 있는 그를 아무도 방해할 수 없었다. 또 공간이 충분히 넉넉해서 이리저리 거닐 수도 있었다. 몽테뉴는 몸을 움직이고 있을 때만 생각이 잘 떠오른다고 말했다. 그는 라 보에시에게서 물려받은 책과 자신의 책을 이곳에 정리해 넣고, 서재 천장의 들보에 54개의 라틴어 격언을 그려 넣었다. 눈길이 무심히 위를 향하기라도 하면, 그는 마음을 가라앉히는 지혜로운 말을 보게 되었다. 54개의 격언 중 마지막 것만이 프랑스어로 되어 있는데, 이렇게 적혀 있었다.

"내가 무엇을 아는가?"

옆에는 겨울철을 위한 작은 별실이 있었는데, 그곳에 몇 개의 그림을 그려 장식했지만 그 그림들이 약간 경박했기에 나중에 그 위에 덧칠을 해버렸다. 이곳에서 그는 진짜 주인이었다. 그 자신 말고는 명령하는 사람도, 반대하는 사람도 없었다. 여기서 몽테뉴는 진짜 몽테뉴가 되었다.

이렇게 서른여덟 살에 몽테뉴는 세상에서 물러나서 자기 자신 말고는 다른 누구도 섬기지 않게 되었다. 그는 이미 정치, 공직, 사업 등에 지쳤다. 그것은 망상에서 깨어나는 순간이었다. 스스로 세상으로 돌아갈 길을 차단하기 위해서 라틴어로 벽에 다음과 같이 적었다.

"궁정에서의 노예와 같은 봉사와 여러 공직의 무게로 오래전부터 지쳐 있었지만 미셸 드 몽테뉴는 여전히 모든 힘을 고스란히 지닌 채 1571년 2월 마지막 날, 38세가 되는 날에 숫처녀 같은 뮤즈의 가슴에서, 그 편안함과 안전함 속에서 쉬기로 결심했다. 여기서 그는 자기에게 남아 있는 삶의 나날들을 보낼 것이다. 그가 이 거처와 조상들의 평화로운 안식처를 지킬 수 있도록 운명이 허락해주시기를 희망하면서 그는 이 장소를 자신의 자유, 고요함, 무위에 바친다."

이 작별은 단순히 공직 생활과의 작별 이상의 의미를 갖는다. 그것은 외부 세계와의 작별이었다. 지금까지는 다른 사람들을 위해 살았지만 이제는 자기 자신을 위해 살고자 했다. 지금까지는 공직, 궁정, 아버지가 요구하는 일들을 해왔다. 이제부터는 자기에게 기쁨이 되는 일을 하기로 한 것이다. 이것저것 두루 경험했으니 이제 그 의미를 찾아내고자 했다. 전체의 뿌리를 찾으려 했다. 미셸 드 몽테뉴는 이미 37년을 살았다. 이제 그는 미셸 드 몽테뉴 자신이 누군지 알고자 했다. 그리고 자신의 삶과 죽음에 관심을 기울일 셈이었다. 이미 많은 것을 충분히 맛보았다. 그가 도움을 주고자 하는 곳에서는 도울 수가 없었고, 그가 무언가를 추구하면 사람들이 그의 길을 가로막았다. 그가 충고를 하면 사람들은 그 충고를 무시했다.

하지만 자기 집으로의 물러남, 사생활로의 물러남만으로는 충분치가 않았다. 집은 물려받은 권리로 자신의 것이었지만, 그는 자신에게보다는 집에 속한 존재라고 느꼈다. 아내가 있고 어머니와 아이들도 있었다. 그들 모두가 그에게는 특별히 중요한 존재는 아니었다. 그가 자식들 중 몇 명이 죽었는지 잘 모르겠다고 고백하는 진기한 구절도 있다. 또한 고용된 사람들, 토지를 빌려 농사짓는 소작농들, 농부들이 있었고 이 모두가 그의 숙고의 대상이었다. 가족은 언제나 평화롭게 모여 사는 것만은 아니다. 그야말로 풍요로운 집안이었지만 그는 혼자 있고 싶었다. 이 모든 것이 그에게는 지겹고 방해가 되고 불편했다. 그는 자신의 모범인 라 보에시처럼 생각했다. 그는 라 보에시에 대해 "평생 자기 집안 부엌의 재를 경멸하며 뒤에 놓아두었던" 것을 미덕이라고 칭찬했다.

몽테뉴가 가장으로서 일상의 하찮은 근심들을 떠맡기 위해 공직을 포기한 것은 아니었다. 그는 책을 읽고 생각하고 즐기고 싶었고, 고용되지 않은 채 자신의 일을 하고 싶었다. 몽테뉴가 탐구하는 것은 국가나 가족, 시대, 상황, 돈, 소유 등에 속하지 않는 자신의 참된 자아였다. 괴테가 '치타델레'Zitadelle라고 불렀던 내적인 자아, 아무도 그 안으로 들어올 수 없는 자아였다. 몽테뉴는 "결혼 생활과 아이들, 시민적인 생활이라는 고독한 구석에서도 벗어나기로" 굳게 결심했다.

가족 열 명쯤, 하인들 열두어 명, 농부, 일꾼, 임차인 들로 가득 찬 집은 고요한 장소가 아니었다. 아이들이 태어나고 묻히고, 오늘은 샘터가 무너지고 내일은 포도주가 얼고, 계약서를 갱신해야 하고, 싸움을 진정시키고, 사고팔 일들도 있고, 평가하고 소송을 일으키고, 매시간 다른 일이 나타나곤 하니 진짜로 경영을 해야 했다. 생각은 나 자신의 것이 아니라 다른 사람들의 것이었다.

공직에서 벗어나 집으로 돌아간 것은 첫째 물러남이었다. 집에서 벗어나는 것, 가족과 온갖 요구들과 사업을 피해서 자기 자신으로 돌아가는 것이 둘째 물러남으로, 그것은 바로 치타델레로 물러나는 일이었다.

미셸 드 몽테뉴는 괴테가 상징적으로만 말한 이 치타델레를 돌과 성과 빗장을 동원해서 실제로 지었다. 당시 피에르 에켐이 착수하여 건축하고 개축한 뒤에 몽테뉴 성의 모습이 어땠는지는 오늘날 알 길이 없다. 뒷날 여러 번이나 개축되다가 1882년 화재로 완전히 사라졌기 때문이다. 다행히도 미셸 드 몽테뉴의 저 유명한 탑 건물 '치타델레'만은 예외다.

그의 가족은 여러모로 보아 특별한 이해심을 보이지는 않았던 듯하다. "나는 가족 중에서 화를 내는 습관을 가진 사람들에게 우선 분노를 누르고 그런 다음엔 덜 폭발한 상태에서 자신의 두려움이 무엇에 관한 것인지, 무엇 때문에 탄식하는지를 면밀히 관찰하라고 경고했다. 그들은 보통 무언가 나타나기도 전에 소리를 지르고, 그것이 나타나자마자 계속 소리를 지르기 때문이다. 그들은 서로 화를 내고 멋대로 소리를 질러도 혼나거나 관심을 끌지 않을 장소에서 소란을 피운다"(스트룹스키, 『몽테뉴』, 125쪽).

이로써 몽테뉴는 집 안에 자신의 요새를 건설했다. 그는 이 요새 밖으로 나갈 수 있었지만 아무도 안으로 들어올 수는 없었다. 자신이 언제 지주나 가장, 아버지, 남편, 아들 노릇을 할 것인지는 오직 그만이 결정할 수 있었다.

그는 한동안 작은 방에서부터 밖으로 이어지는 벽을 건설할지를 고민했다. 그렇게 되면 야외에서도 자신만의 산책로를 갖는 셈이니까. 하지만 그는 이 생각을 포기했다.

이러한 고립은 약간 허풍스럽고 인위적으로 보인다. 그가 자신에게 기율을 부여하고자 고독으로 물러났다는 느낌이 든다. 종교법에 따른 은둔자처럼 맹세를 한 것이 아니기 때문에, 그는 스스로 자신을 붙잡아 강요한 것이다. 그 자신도 어떤 이유로 그러는지 몰랐을지도 모른다. 하지만 내면의 의지가 그렇게 몰아갔다.

3   창작의 10년

: 그에게는 학자처럼 정확하거나, 작가처럼 독창적이거나, 시인처럼 언어가 뛰어나야 할 의무감이 없었다. 그러나 그는 문필가가 되었다.

생각하는 인간에게 찾아오는 가장 아름다운 행운은 탐구할 수 있는 것을 탐구하고, 탐구할 수 없는 것을 조용히 숭배하는 일이다(괴테, 『격언과 반성』).

그후 10년 동안 미셸 드 몽테뉴는 삶의 대부분을 이 탑에서 보냈다. 나선형 계단 몇 개를 올라가면 집안의 소음과 대화가 더는 들리지 않고, 그는 자기를 방해하는 온갖 사건들에 대해 아무것도 모르게 된다. 왜냐하면 "나는 쉽사리 불안해지는 온화한 마음을 갖고 있기 때문"이다. "마음이 무언가에 집중할 때면 파리가 웅웅거리는 소리도 쉽사리 그 몰입을 깨뜨릴 수 있다." 창밖을 내다보면 그 아래에 "나의 정원과 밭, 집안 사람들 여러 명"이 보인다. 이 둥근 방 안에는 그가 그토록 사랑하는 책 말고는 주변에 아무것도 없었다. 책들은 대부분 라 보에시에게서 물려받은 것이고 나머지는 그가 손수 산 것이다. 그렇다고 그가 하루 종일 책을 읽었다는 말은 아니다. 그냥 책들이 거기 있다는 생각만으로도 행복했다.

"언제라도 내킬 때면 그것들을 즐길 수 있음을 알기에 그것들을 소유하고 있다는 사실만으로 이미 만족한다. 나는 전쟁 때나 평화 시에도 책 없이 여행한 적이 없다. 하지만 여러 날 여러 달이 지나도록 책을 들여다보지 않을 때도 많다. 차차 읽게 되겠지, 이렇게 나 자신에게 말한다. 내일이나, 아니면 언제든 마음이 내킬 때 …… 책이란 삶이라는 여행에 가져갈 수 있는 최고의 양식임을 깨달았다"(『몽테뉴의 자서전』, 131쪽). 책은 인간과는 달리, 마음을 짓누르거나 수다를 떨거나 떼어버리기 어렵지가 않다. 책은 불러내지 않으면 다가오지 않는다. 마음 내키는 대로 이 책이나 저 책을 집어 들 수 있다. "책들이 나의 왕국이니, 나는 이곳에서 절대군주가 되어 지배하련다." 책들이 자기들의 의견을 말하면 그도 자신의 견해를 말했다. 그들은 나름의 생각을 발언하고 그에게 생각하도록 자극한다. 그가 침묵하면 전혀 그를 방해하지 않고 오직 그가 물어볼 때만 말을 한다. 이곳이 그의 왕국이었다. 그들은 그의 만족을 위해 봉사했다.

몽테뉴는 자기가 책을 어떻게 읽는가, 무엇을 즐겨 읽는가 하는 것을 더할 수 없이 탁월한 방법으로 이야기했다. 책과 그의 관계는 다른 모든 일과의 관계가 그렇듯이 자유의 관계였다. 그는 기꺼이 마음이 내키는 때에만, 또 마음 내키는 만큼만 읽었다. 자신의 임무를 포기한 것은 새로운 임무를 얻기 위한 것은 아니었다. 젊은 시절에는 '남들에게 보이려고' 자랑삼아 뻐기려고 읽다가 훗날에는 좀 더 지혜로워지려고 읽었고, 이제는 만족을 위해서 더 많이 읽었지, 절대로 어떤 목적이나 이익을 위한 것은 아니었다. 어떤 책이 너무 지루하면 다른 책을 집어 들었다. 어떤 책이 너무 어려우면 "나는 책에서 만나는 난관 때문에 손톱을 물어뜯거나 하지는 않았다. 한두 번 노력해본 다음 그것을 포기한다. 내 정신이 도약을 하면 되니까. 첫눈에 어떤 구절을 이해하지 못하면 노력을 거듭해도 아무 소용이 없다. 그래봤자 점점 더 모호해질 뿐이다." 노력이 요구되는 순간이 오면 이 '느긋한 독자'는 책을 그대로 놓아버렸다. "이런 구절들 때문에 땀을 흘릴 필요는 없다. 나는 언제든 원하면 이 책을 놓아버릴 수 있다."

그는 학자 또는 스콜라 철학자가 되려고 탑 속으로 들어간 것은 아니었다. 책이 자기를 자극하기를, 그리고 이런 자극을 통해 뭔가를 가르쳐주기를 원했을 뿐이다. 그는 체계적인 것을, 낯선 의견이나 지식을 강요하는 것을 모조리 싫어했다. 교과서의 요소는 무엇이든 싫었다. "일반적으로 나는 직접 학문을 다룬 책들을 고를 뿐, 학문으로 이끌어주는 책들을 고르지는 않는다." 게으르고 불규칙한 독서

법이었지만 얼마나 세련된 독서였던가! 책에 대한 몽테뉴의 판단은 내가 백 퍼센트 지지할 수 있는 것이다. 일반적으로 그는 두 가지를 특히 좋아했다. 그 자신은 문학에 대한 재능이 거의 없었지만 순수한 문학작품을 좋아했다. 그는 라틴어 시를 쓰려고 시도해보았으나 언제나 마지막으로 읽은 작품의 모방에 지나지 않았다고 한다. 여기서 그는 언어의 예술에 경탄했다. 또한 단순한 민요풍의 시에도 똑같이 끌렸다. 순수한 시가 아닌 그 중간에 있는 온갖 문학에 대해서는 냉정하게 등을 돌렸다.

그는 한편으로는 환상을 사랑했고 다른 한편으로는 사실을 사랑했다. 그래서 "역사는 내 테니스 라켓에 들어온 공"이다. 그는 우리가 생각하는 의미에서 극단적인 것을 사랑했다. "나는 아주 단순하거나 아주 고급한 역사가를 높이 평가한다." 그는 "역사의 벌거벗은 원료"만을 제공하는 프루아사르Froissart 같은 연대기 기록자들을 좋아했다. 다른 한편으로는 심리학을 동원하여 이런 원료에서 참과 거짓을 가려낼 수 있는 '유능하고 뛰어난 역사가'들을 좋아했다. 그런 것은 "아주 극소수의 사람에게만 주어진 특권"이다. "그래서 전기를 쓰는 역사가들은 나를 위해 올바른 요리를 마련해준다. 그런 사람들은 사건보다는 그 동기에 더 많은 가치를 부여하고, 겉으로 일어난 일보다 속에서 나온 것을 더욱 중히 여긴다. 그러므로 누구보다도 플루타르코스가 내게 맞는 역사가다." 그 중간에 있는 사람들, 그러니까 예술가도 아니면서 소박하지도 않은 사람들은 "모든 것을 망칠 뿐이다. 그들은 고기를 미리 씹어서 우리에게 주고, 역사에 대해 스스로 판결하고, 역사를 자기들의 선입견에 따라 왜곡한다." 시에 나오는 이미지와 상징의 세계, 산문에 나오는 사실의 세계가 우리를 인간적인 것으로 이끌고 인간적인 것을 이해하게 해주는 것이다. 그것이 역사였다. 그에게는 가장 작은 일화가 세계 체계보다 더 중요했다. 최고의 예술, 아니면 아예 예술성이 없는 것이 중요했다. 시인 아니면 그냥 단순한 연대기 기록자. 베를렌Paul Verlaine의 말처럼 "그 밖에 나머지는 그냥 문헌"이고 직업이다. 그리고 몽테뉴는 모든 직업을 싫어했다.

자신을 책으로 이끄는 가장 중요한 이유에 대해 몽테뉴는 "그 다양한 내용을 읽는 것이 나의 생각하는 능력을 자극하기" 때문이라고 말했다. "내 판단력이 기억을 동원하여 일하게 해준다"는 것이다. 그 내용이 자신을 자극해서 거기에 대답하도록, 자신의 의견을 말하도록 이끌고, 그래서 몽테뉴는 책에 메모하고, 줄을 긋고, 마지막에는 책을 다 읽은 날짜와 그 책이 자기에게 준 인상을 적어놓는 습관이 있었다. 그것은 비판도 아니었고 문필 작업도 아니었으며, 그냥 연필을 손에 잡고 하는 대화였다. 무언가를 맥락에 따라 적는다는 것은 처음에는 전혀 그의 생각에 없는 일이었다. 하지만 차츰 방에서 느끼는 고독이 그에게 영향을 미치기 시작했고, 책에 들어 있는 소리 없는 말들이 계속 답변을 요구했다. 그 스스로도 자기 생각을 통제하기 위해서 몇 가지를 글로 적으려고 했다.

"저녁에 (탑에서) 집으로 돌아갔을 때 나는 가능하면 그 어떤 사건에도 휘말리지 않고, 아직 내게 남아 있는 얼마 안 되는 시간을 평화롭게 은둔하며 보내기로 결심했다. 내 정신에 완벽한 무위를 선물하여 스스로의 생각에 전념하게 하고 그것을 즐기는 것보다 더 정신을 만족시킬 수 있는 일은 없어 보였다. 시간이 흐르면서 정신이 점점 더 강하고 성숙해져서 훨씬 더 쉽게 작동하기를 희망했다. 하지만 현실은 그 반대였다. 마구간을 부수고 나온 말처럼 정신은 스스로에게 백 배나 더 큰 활동 영역을 주었다. 그러자 키메라와 온갖 상상의 모습들이 질서도 상호 연관성도 없이 차례로 내면에 잔뜩 나타났다. 냉정한 머리로 그 기묘함과 부조리함을 더욱 잘 바라보기 위해서, 나는 그것을 종이에 옮겨 적기 시작했다. 그 어떤 확고한 목적도 없는 지성이 길을 잃었다. 아무 데로나 가려는 자는 그 어느 곳에도 가지 못하는 법. 그 어떤 항구도 목적지로 삼지 않은 사람에게는 바람도 아무 쓸모가 없다"(『몽테뉴의 자서전』, 146쪽).

생각들이 머리를 통과해가고 그는 어떤 의무감도 없이 그것을 적었다. 몽테뉴의 성주는 이 작은 시도들——에세이들——을 인쇄하겠다는 생각 같은 건 전혀 하지도 않았다. "내가 이리저리 생각들을 굴려보고 아무런 계획이나 의도도 없이 이런저런 천에서 잘라낸 무늬들을 합쳐보고 있을 때, 나에게는 그런 생각들을 대변하거나 꼭 붙잡고 있으려는 마음이 없었다. 마음이 내키면 그것들을 도로 지워버리고, 나 자신의 의심과 불안함으로 되돌아갈 수가 있었다. 내 정신의 지배적인 형식인 '모름'으로 말이다"(『몽테뉴의 자서전』, 148쪽).

그에게는 학자처럼 정확하거나, 작가처럼 독창적이거나, 시인처럼 언어가 뛰어나야 할 의무감이 없었다. 그리고 전문 철학자처럼 다른 사람이 어쩌면 이미 이 생각을 했던 건 아니겠지 하는 고민도 없었다. 그러니 아무런 걱

정도 없이 방금 키케로나 세네카의 글에서 읽은 것을 여기저기에 덧붙일 수가 있었다. "내가 그렇게 훌륭하게 말할 수 없는 것을 종종 다른 사람이 말하게 했다. 나는 빌려온 것들을 일일이 헤아리지 않고 그냥 그 무게만을 달아본다." 그는 일부러 이름들을 빼먹었다. 이 모든 것을 그는 기꺼이 인정한다. "그 많은 가능성들 사이에서 빌려오면서 그것을 훔치거나 변조하거나 위장해서 전혀 새로운 결론에 맞출 수 있으면 마음이 기쁘다." 그는 뒤에서 비추는 사람이지 문필가가 아니었으며, 자기가 끄적거리는 것을 지나치게 진지하게 여기지도 않았다.

"내가 이렇게 글을 쓰면서 나 자신에게도 책임을 지지 않는 판에, 그것이 만족스럽다 해도 다른 사람을 위해 책임을 지려는 것은 아니다. 정보를 찾는 사람은 정보들이 헤엄치는 물속으로 뛰어들어 낚시질을 해야 한다." 몽테뉴는 끊임없이 자유를 요구하면서 자기가 문필가도, 철학자도, 완벽한 예술가도 아니라는 말을 되풀이한다. "내가 말하거나 인용하는 것이 언제나 모범이나 권위나 전형으로 여겨져서는 안 된다." "내가 그것들을 다시 읽어야 한다면 이는 내 마음에 들지 않는다. 그런 일은 끔찍하다." 저 뜨내기나 부랑자를 반대하는 법이 있듯이 쓸모없고 뻔뻔스럽게 끄적거려서는 안 된다는 법이 있다면, 자기 자신과 백 명쯤 되는 다른 사람들이 왕국에서 쫓겨날 것이라고 그는 말한다. "나는 책을 쓰는 저자가 아니다. 내 과제는 내 삶에 형태를 부여하는 것이다. 그것이 나의 유일한 직업이며 유일한 소명이다."

작가가 아닌 사람, 인용을 어떻게 시작해야 할지도 모르는, 그래서 이따금 몇 가지 생각을 형식도 없고 아무런 속박도 없는 방식으로 적어놓는 귀족 몽테뉴는 그런 상태에서도 절대로 물리는 법이 없이 자신을 묘사했다. 그리고 처음 몇 년 동안 쓰인 수필들에 대해서는 방금 묘사한 이 초상이 상당히 옳다. 그렇다면 어째서 몽테뉴는 보르도에서 이 수필들을 두 권의 책으로 묶어 인쇄하기로 했는지 물어보지 않을 수 없다. 그는 자기가 보고 싶은 대로 자신을 그렸다. 작은 허영심을 가지고 자기가 얼마나 글을 못 쓰는지, 얼마나 게으르고 문법에 대해서도 잘 모르고 기억력도 나쁜지를 거듭 강조했다. 자기가 정말 말하고자 하는 것을 표현할 능력이 없다고도 했다.

하지만 자신도 모르는 사이에 몽테뉴는 문필가가 되었다. 출판이 그를 문필가로 만들었고, 그래서 뒷날의 수필에서는 자신의 그림자를 분명히 드러냈다. 모든 공공성은 거울이다. 인간은 자신이 관찰당한다는 것을 알면 다른 얼굴을 드러낸다. 정말로 책들이 나오자마자 몽테뉴는 다른 사람을 위해 글을 쓰기 시작했다. 수필들을 고치기 시작했다. 보르도 판본은 그가 죽는 순간까지 모든 표현을 갈고닦았으며 구두점을 바꾸었음을 보여준다. 또한 뒷날의 판본들은 수많은 끼워 넣기를 보여준다. 그것들은 인용으로 가득 차 있다. 그는 자기가 책을 많이 읽었다는 것을 보여줄 필요가 있다고 믿었다. 그리고 언제나 거듭 자신을 중심에 두었다. 이전에는 자신을 알기 위해서 자신을 탐색했다면, 이제는 자기가 누군지를 세상에 보여주려고 하며, 가장 세세한 부분에 이르기까지 정밀한 자신의 초상화를 내놓으려 했다. 전체적으로 보면 처음 판본에 자기 자신에 대한 이야기가 적다는 것이 더 많은 말을 해준다. 그 모습이 진짜 몽테뉴, 탑 속의 몽테뉴이며, 자신을 모색하는 몽테뉴이다. 처음 판본에는 더 많은 자유와 정직함이 있다. 가장 지혜로운 사람조차 유혹을 피하지 못한다. 처음에는 자신을 알고자 하지만 나중에는 자신을 보여주려고 하는 것이다.

: 모든 것에서 자신을 찾고, 자신 속에서 모든 것을 찾다.

몽테뉴는 지칠 줄 모르고 자신의 나쁜 기억력을 탄식한다. 그는 이것을—어느 정도의 태만도 함께—자기 본질의 결함이라고 느낀다. 그의 지성과 지각 능력은 특별하다. 그는 보고 파악하고 관찰하고 인식한 것을 재빠른 매의 눈길로 붙잡는다. 하지만 그런 다음 언제나 스스로 비난하듯이, 이 인식을 체계적으로 정리하고 논리적으로 구축하기를 게을리한다. 모든 생각은 나타나자마자 도로 사라지고 잊힌다. 그는 자기가 읽은 책들을 잊어버리고, 날짜를 기억하지 못하고, 본질적인 삶의 상황도 기억하지 못한다. 모든 것이 마치 강물처럼 그의 곁을 스쳐 흘러가고 아무것도 남지 않는다. 그 어떤 특별한 확신도, 확고한 견해도, 고정된 것도, 지속적인 것도 없다.

몽테뉴가 자기 자신에 대해 그토록 탄식하는 이 약점은 실은 그의 강점이다. 그 어느 것에도 머물지 않고 그를 계속 앞으로 나아가게 만드는 힘이다. 그 무엇도 그에게 완결된 것은 없다. 그는 자신의 경험에 안주하지 않고 소비할 그 어떤 자산도 얻지 못하니, 그의 정신은 계속 새로 정복해야 한다. 그래서 그의 삶은 끊임없이 계속되는 혁신의 과정이다. "우리는 끊임없이 새로 살기 시작한다." 그가 찾아낸 진리는 이듬해에, 아니 종종 바로 다음 순간에 이미 진리가 아니다. 그는 새로운 진리를 찾아야 한다. 그러니 수많은 모순들이 나타난다. 때로는 쾌락주의자이다가 바로 스토아주의자가 되고, 곧 회의주의자가 된다. 그는 모든 것이며 아무것도 아니다. 언제나 다른 사람이며, 그러면서도 언제나 같은 사람이다.

발견하여 거기 멈추는 것이 아니라 이렇게 계속 찾아보는 것이 몽테뉴의 낙이었다. 그는 목적을 위해 쓸 수 있는 공식인 '현자의 돌'을 찾는 철학자가 아니었다. 도그마나 학설을 원하지 않고, 고정된 주장에 대해 언제나 두려움을 품었다. "그 무엇도 대담하게 주장하지 않기, 그 무엇도 경박하게 부인하지 않기." 그는 그 어떤 목적을 향해서 나아가는 게 아니었다. '이리저리 돌아다니는' 그의 생각에는 모든 길이 올바른 길이다. 그래서 그는 소크라테스 같은 의미에서가 아니라면 절대로 철학자가 아니었다. 소크라테스가 그 어떤 도그마나 학설, 법칙, 체계 등 아무것도 남기지 않았기 때문에 몽테뉴는 그를 가장 좋아했다. 소크라테스는 그 자체로 하나의 형태일 뿐이었다. 몽테뉴는 모든 것에서 자신을 찾고, 자신 속에서 모든 것을 찾는 인간이었다.

우리는 아마도 이런 지치지 않는 탐색, 호기심, 나쁜 기억력 덕분에 몽테뉴의 가장 좋은 부분을 얻은 것 같다. 또한 그런 것들 덕분에 문필가 몽테뉴도 얻었다. 몽테뉴는 자기가 어떤 책에서 읽은 생각을 잊어버린다는 것을 알고 있었다. 심지어는 자신에게 자극을 준 책의 내용도 잊었다. 그것을 붙잡기 위해서, 안 그랬다가는 파도처럼 덧없이 사라져버릴 자신의 '꿈의 이미지', '꿈들'을 붙잡기 위해서는 단 한 가지 수단밖에 없었다. 자신의 생각을 책의 가장자리에, 마지막 페이지에 적어두는 것이다. 그런 다음에는 마치 우연처럼 종이 위에서 그 자신의 표현대로, "연결이 안 되는 모자이크"가 나타난다. 처음에는 기억을 위한 표시나 메모이던 것이 거기서 멈추지 않는다. 그는 차츰 그것들 사이에서 분명한 맥락을 찾아보려 한다. 제대로 끝내지 못할 거라는 예감을 품은 채 그런 시도를 한다. 대개는 단번에 써내려간다. 그래서 그의 문장들은 즉흥적이다. 하지만 그는 언제나 그것들이 원래의 것이 아니라고 확신한다. 글쓰기와 메모는 그냥 부산물이고 앙금일 뿐이다——오줌에 들어 있는 알갱이요, 조개 속에 들어 있는 진주라고 악의적으로 말하고 싶다. 진짜 생산물은 삶이고, 이런 메모들은 삶에서 떨어져 나온 부스러기며 쓰레기일 뿐이다. "나의 소명과 나의 예술은 삶을 사는 것이다." 예술작품 대 사진의 관계, 그 이상의 의미는 아니다. 문필가 몽테뉴는 인간 몽테뉴의 그림자일 뿐이다. 그런데도 우리는 인간 몽테뉴를 보면서 그의 글쓰기 기술이 얼마나 위대한지, 그의 삶의 기술이 얼마나 하찮은지 수없이 놀라게 된다.

모든 것이 우연한 계기에, 어떤 변덕에서, 어떤 책이나 대화에서, 또는 일화에서 나온 것이기 때문에 처음 몽테뉴의 수필을 읽으면 그냥 나란히 늘어놓은 글처럼 보인다. 몽테뉴 자신도 그렇게 느꼈다. 그는 이 글들을 정리하고 맥락을 이어주려고 한 적이 없다. 심지어는 고치거나 다듬은 적도 없다. 하지만 점차 그는 이 모든 수필들이 하나의 공통점을 갖는다는 것, 하나의 중심점, 맥락과 방향을 갖는다는 것을 발견했다. 그것들은 하나의 중심점을 갖고 그 지점에서 출발하거나 아니면 그 지점으로 돌아온다. 그 지점은 언제나 같은 것이었으니 바로 자아였다. 처음에 그는 나비들을, 벽에 있는 그림자를 붙잡으려 하는 것처럼 보인다. 하지만 자기가 어떤 특별한 것을, 특별한 목적을 찾고 있다는 것이 그 자신에게도 차츰 분명해진다. 바로 자신의 자아였다. 올바르게 살기 위하여, 오로지 자기 자신을 위해 올바르게 살기 위하여, 온갖 형식으로 삶에 대해 깊이 숙고한다는 것이 분명해졌다. 그 자신에게 게으른 변덕으로 보이던 것이 점차 의미를 드러냈다. 그가 언제나 서술한 것은 바로 이런저런 일에 대한 자기 자신의 반응을 묘사한 것이었다. 수상록은 단 하나의 대상만을 가졌으니, 그것은 그의 삶의 대상과 같은 것이었다. 즉 '나' 또는 '나의 본질'이었다.

그가 이것을 발견하자마자 전에는 거의 장난스러운 게으름이던 것이 이제 새로운 것, 즉 어떤 "즐거움"(amusement)이 되었다. 나는 누구인가, 하고 그는 묻는다. 그는 자신을 '마치 타인처럼' 바깥에 세우고 바라보려 한다. 자신의 소리를 듣고, 관찰하고, 자신을 비판하고, '자신을 연구'한다. 그 자신이 "나의 형이상학이며 물리학"이 된다. 자신을 눈에서 놓치지 않고, 여러 해 전부터 자기가 통제하지 않은 그 어떤 일도 한 적이 없다고 말한다. "내 지성에 드러나지 않은 그 어떤 행동도 알지 못한다." 그는 이제 혼자가 아니라 둘이 되었다. 그리고 이런 즐거움이 끝이 없음을 알았다. 자아는 절대로 고정되지 않는 것이며, 변하고, "파도치며", 오늘의 몽테뉴가 어제의 몽테뉴와 같지 않음을 발견했다. 인간이 오로지 여러 국면, 상태, 개별성을 발전시킬 수 있을 뿐임을 알았다. 하지만 모든 개별적인 것이 중요하다. 작고 순간적인 몸짓이 확고한 태도보다 더 많은 것을 가르쳐준다. 그는 시간이라는 현미경 아래 자신을 넣고, 하나의 동작으로 보이는 것과 하나의 통일성을 해체하여 여러 개의 동작과 변화의 총합으로 바라보았다. 이렇게 그는 자신에 대한 탐구를 완전히 끝내지 못하고 영원히 지속한다. 하지만 자신을 이해하기 위해서는 자신을 관찰하는 것만으로는 충분하지 않다. 제 배꼽만 바라본다면 세상을 보지 못하게 마련이다. 그래서 그는 역사를 읽고 철학을 공부했다. 자신을 가르치고 스스로 확신하기 위해서가 아니라 다른 사람들은 어떻게 행동했는지 보기 위해, 자신을 다른 사람들 옆에 세워보기 위해서였다.

그는 자신을 그들과 비교하기 위해 "과거의 풍부한 영혼들"을 탐구하고, 다른 사람들의 미덕, 악덕, 오류, 장점, 지혜, 어리석음을 연구했다. 역사는 그의 가장 큰 교과서였다. 그 자신의 말에 따르면 행동에서 인간이 자신을 드러내기 때문이다.

  그래서 몽테뉴는 자아나 자기 자신을 탐구하는 동시에 인간을 탐색했다. 모든 인간에게 공통되는 것이 있다는 것과 유일무이한 것, 즉 개성을 엄격하게 구분했다. 인간에게는 20세쯤에 형성되는 하나의 '본질', 다른 사람들과 비교할 수 없는 어떤 독특한 혼합이 있다. 그리고 누구에게나 동일한 보편 인간적인 것, 부서지기 쉽고 제한적인 본질을 가진 모든 인간이 거대한 법칙인 탄생과 죽음 사이의 시간에 묶여 있다. 그렇게 그는 두 가지를 탐색했다. 유일무이한 나, 그 특수성, 특별히 탁월하거나 흥미로운 것은 절대 아니지만 그래도 유일무이하고 비할 바 없는 나, 나도 모르는 사이에 세상에 맞서 보존하려고 하는 나 몽테뉴. 우리 속에도 있는, 자신만의 선언을 모색하는 나, 그런 다음엔 나와 똑같은 다른 존재들. 괴테가 원형 식물을 탐색했듯이 몽테뉴는 원형 인간을 탐색했다. 아직 아무것도 각인되지 않은 그 순수한 형식, 그 어떤 선입견이나 장점 그리고 도덕성과 법칙을 통해서도 일그러지지 않은, 속박되지 않은 순수한 형식. 루앙에서 만난 브라질 사람들—지도자도, 종교도, 도덕도, 윤리도 알지 못하는 저 브라질 사람들에게 그가 그토록 매혹당한 것은 우연이 아니었다.

몽테뉴는 그들에게서 일그러지지 않고 망가지지 않은 인간을 보았다. 한편으로는 우리를 비추어볼 수 있는 순수한 배경이면서, 다른 한편으로는 각 개인이 빈 종이에 자기 자신을 새겨 넣는 문자. 괴테가 원형 언어를 동원해 개성에 대해서 언급한 말은 또한 몽테뉴의 말이기도 했다.

> 너를 이 세상에 준 그날에
> 태양이 행성들의 인사를 받으러 멈추어 섰고
> 너는 곧바로 무럭무럭 자랐지,
> 네가 속한 그 법칙에 따라.
> 그렇게 너는 존재해야 한다. 너는 너 자신에게서 도망치지 못한다,
> 시빌레들도, 예언자들도 이미 그렇게 말했어.
> 그 어느 시대 그 어떤 권력도 살아서 발전하는
> 주조된 형식을 갈가리 찢지는 못하는 것이니.

이런 탐색, 즉 자신의 "정수"(essence)에 대한 탐색, 관찰의 맨 처음, 중간, 마지막에 나타나는 이런 자기 탐색은 수많은 몽테뉴들을 보여준다. 사람들은 그것을 자기중심주의라 불렀고, 특히 파스칼은 그 유명한 대화에서 그것을 오

만, 자기만족이라고, 심지어 몽테뉴의 원형적 결함이며 죄악이라고까지 불렀다. 하지만 "오직 너희 자신과만 결합하라"는 몽테뉴의 말은 다른 사람에게 등을 돌리라는 의미가 아니었다.

자아도취와 열광보다 더 그와 거리가 먼 것은 없었다. 그는 고립된 인간도 은둔자도 아니었으며, 자신을 과시하거나 뽐내기 위해서 자기 자신을 탐색한 것이 아니라 자신을 위해서 자기 자신을 탐색했다. "나는 늘 나 자신을 향해 다가간다. 나 자신을 끊임없이 질책하기에"라고 그는 말했거니와 한 가지 의지, 곧 자신의 본성에 따라 행동하였다. 만일 그것이 잘못이라면 그는 기꺼이 잘못을 고백했다. "자기 자신을 통해 남들을 즐겁게 하는 일은 필경 오만이라는 말이 맞는다면, 나는 스스로 이런 병적인 특성을 지닌 행동을 포기할 필요가 없다. 나 자신이 그런 특성을 지니고 있기에. 또한 내가 자주 행할 뿐더러 내 직업이기도 한 이런 잘못을 감추어서도 안 된다." 그는 "자기 자신을 즐기고, 그것도 품위 있게 즐기기 위해서" 자신을 보아야만 했다. 그것은 그의 허영심이라기보다는 그의 역할이요 재능이며, 무엇보다도 그의 기쁨이었다. 자신을 향한 눈길은 그를 자기 자신에게서 떼어놓지 않았고, 그렇다고 스스로를 이 세상의 낯선 존재로 만들지도 않았다. 그는 통 속으로 기어들어간 디오게네스도, 피해망상에 파묻힌 장 자크 루소도 아니었다. 그 어느 것도 그를 쓰라리게 괴롭히지 않았고, 그를 고립시키거나 그가 사랑하는 이 세상에서 멀리 떼어놓지 않았다. "나는 삶을 사랑하고, 신께서 우리에게 주고자 하신 그대로 삶을 이용한다." 그가 자신의 자아를 보살피는 일이 그를 세상에서 격리시키거나 고독하게 만들지 않았고, 오히려 수많은 친구들을 만들어주었다. 자신의 삶을 서술하는 사람은 모든 사람을 위해서 사는 것이며, 자신의 시대를 표현한 사람은 모든 시대를 위해 그렇게 한 것이다.

몽테뉴가 평생 "나는 어떻게 살고 있나?"라는 질문 말고는 아무것도 하지 않았다는 것은 사실이다. 하지만 그에게서 나타나는 놀랍고도 선량한 점은 그가 이 질문을 명령문으로 바꾸려 한 적이 없다는 사실이다. 즉 "나는 어떻게 살고 있나?"를 "너는 이렇게 살아야 한다!"로 바꾸지 않았다는 것이다. "내가 무엇을 아는가?"라는 표어를 메달에 새겨 넣고 다닌 이 사람은 무엇보다 경직된 주장을 싫어했고, 자신에게 정확하지 않은 것을 다른 사람에게 충고하려는 시도를 한 적이 없었다. "여기 이것은 나의 가르침이라기보다 그냥 앎을 위한 노력일 뿐이다. 이것은 다른 사람을 위한 지혜가 아니라 나의 지혜일뿐이다." 다른 사람이 그런 지혜에서 어떤 이익을 취하는 것에 대해서는 막지 않았다. 자기가 말한 것이 오류일지도 모르지만 그 누구도 그것으로 해를 입어서는 안 된다. "내가 나 자신을 바보로 만든다면 그건 내 문제고, 그것이 다른 누구에게 그 어떤 불리함도 만들어내지는 않는다. 그것은 내 안에 남아서 그 어떤 결과도 만들어내지 못하는 어리석음이기 때문이다." 그는 자신의 생각을 다른 사람을 돕는 알약으로 만들려고 시도한 적이 없었다. 그가 탐색한 것은 자기가 거기서 취할 수 있는 만큼만 다른 사람에게도 옳은 것이다. 자유로운 방식으로 사유된 것이 다른 사람의 자유를 제한해서는 안 된다.

"내 안에는 특별한 것이나 낯선 것이 없다." 자신 안에 있는 보편 인간적인 실체. 지혜와 진실의 전이 가능성은 몽테뉴가 의심한 것들 중의 하나다. 그는 책이나 이론 따위를 믿지 않는다. 오직 그런 것들에 대한 체험만을 믿는다. 그는 그리스도나 플라톤이나 세네카, 키케로가 세계를 도왔다고 여기지 않았으며, 자기 시대에도 로마 왕정 시대와 똑같은 야만성이 가능함을 보았다. 인간을 가르칠 수는 없으며 오로지 인간이 스스로를 탐색하도록, 자기 자신의 눈으로 바라보도록 안내할 수 있을 뿐이다. 그 어떤 안경이나 알약도 없이 말이다.

자신만의 보루 지키기

: 이 세상에서 가장 위대한 경험은 자기가 저 자신임을 이해하는 것이다.

몽테뉴의 모든 작품에서 나는 오직 하나의 형식과 하나의 경직된 주장만을 발견했다. "이 세상에서 가장 위대한 경험은 자기가 저 자신임을 이해하는 것이다." 외적인 지위나 혈통이나 재능 등의 이점이 인간을 고귀하게 만드는 것이 아니라, 자신의 개성을 지키고 자신의 삶을 사는 정도에 따라 고귀한 인간이 만들어진다. 그러니까 그에게 있어 예술 중에서도 최고 예술은 자기보존의 예술이다. "자유로운 예술 중에서 우리를 자유롭게 만드는 예술로 시작해보자." 자기 자신보다 그것을 더 잘할 사람은 없다. 한편으로 그것은 보잘것없는 요구이다. 인간은 언뜻 보면 "자기 자신으로 남아 있기"에 마음이 이끌리고, 또 "자신의 자연스러운 소질에 맞게" 인간적 삶을 사는 것에 마음이 끌린다고 느끼기 때문이다. 그러나 더 자세히 살펴보면 실제로 이보다 더 어려운 일이 어디 있는가? 자유롭기 위해서는 빚을 져서는 안 되고 여기저기 연루되어도 안 되는데,

우리는 국가, 공동체, 가족 등에 연루되어 있다. 또한 우리의 생각은 우리가 사용하는 언어에 종속되어 있다. 고립된 인간, 완전히 자유로운 인간은 유령이다. 진공상태에서 살기란 불가능하다. 의식하든 의식하지 못하든 우리는 교육을 통해 관습, 종교, 세계관 등의 노예가 되어 있다. 우리는 시대의 공기로 숨을 쉰다.

이 모든 것과 결별을 선언하기란 불가능한 일이다. 살면서 국가, 가족, 사회에 대한 의무를 행하였고, 종교에 대해서는 적어도 겉으로라도 충실한 태도를 유지했고, 온갖 사교의 형식을 습득한 몽테뉴는 이 사실을 알고 있었다. 몽테뉴가 자신을 위해 탐색한 것은 고작 경계를 찾아내는 일이었다. 무슨 일에든 자기 자신을 완전히 내주어서는 안 되고 그냥 빌려주는 정도로 끝내야 한다. "영혼의 자유를 지키면서, 분명히 옳다고 생각되는 드문 순간 말고는 그것을 빌려주지도 말아야" 한다. 우리는 세상에 등을 돌리고 작은 방으로 물러날 필요는 없다. 하지만 구분은 해야 한다. "우리는 이것 또는 저것을 사랑할 수 있다. 하지만 우리 자신 말고는 다른 무엇과도 진짜로 결합될 수는 없다." 우리가 지닌 열정이나 갈망을 몽테뉴는 거부하지 않았다. 오히려 언제나 가능한 한 많이 즐기라고 충고한다. 그는 그 어떠한 제약도 모르는 이승의 인간이었던 것이다. 정치가 좋은 사람은 정치를 할 것이요, 책이 좋은 사람은 책을 읽을 것이며, 사냥이 좋으면 사냥을 할 것이고, 집과 부동산과 땅과 돈과 온갖 물건들이 좋은 사람은 거기에 헌신할 일이다. 이것이 그에게 가장 중요한 일이다. 사람은 누구나 자기 좋을 대로 그것을 취해야 하지만, 그런 것들에게 자기 자신을 뺏겨서는 안 된다. "집에서나, 공부나 사냥이나 다른 무슨 일에 있어서도 즐거움의 경계까지는 다가가야 하지만, 그 경계를 넘어서지 않도록 조심해야 한다. 안 그랬다가는 고통이 끼어들게 된다." 의무감이나 정열이나 명예욕 같은 것에 원래 자기가 원하던 것보다 더 깊이 끌려가서는 안 된다. 그러므로 무엇이든 어느 정도인지를 끊임없이 검토해야 하고, 그것들을 과대평가하지 말고, 즐거움이 끝나는 바로 그 지점에서 끝내야 한다. 노예가 되지 말고 자유로워야 한다.

하지만 몽테뉴는 어떤 종류의 처방도 만들어내지 않았다. 자신에게 방해가 되고 자신을 제약하는 모든 것에서 어떻게 해방을 얻는지를 끊임없이 보여줄 뿐이다. 그 목록을 만들어볼 수도 있다.

- 허영심과 자부심에서 벗어나기. 이것이 어쩌면 가장 어려운 일이다.
- 두려움과 희망에서 벗어나기.
- 확신과 당파에서 벗어나기.
- 야망과 온갖 형태의 욕심에서 벗어나기, 자신의 거울상과 똑같이 자유롭게 살기.
- 돈과 온갖 형태의 욕심과 욕망에서 벗어나기.
- 가족과 주변에서 벗어나기.
- 광신주의와 온갖 종류의 경직된 의견에서, 절대적 가치에 대한 믿음에서 벗어나기.

그것은 삶의 절대적 부정을 의미했다. 자신을 버리고 공허 속에 살며 모든 것을 의심하는 인간을 뜻했다. 파스칼도 그를 "모든 것에서 벗어나 그 어느 것과도 결합되지 않은" 인간이라고 묘사했다. 그러나 이보다 더 잘못된 평가도 없다. 몽테뉴는 삶을 무한히 사랑했다. 그가 가진 유일한 두려움은 죽음에 대한 두려움이었다. 그는 삶의 모든 것을 있는 그대로 사랑했다. "자연에는 목적이 없는 것이 없으며, 심지어 목적 없음조차도 그렇다. 우주에는 제자리에 있지 않은 것이 없다." 그는 추한 것이 아름다움을 눈에 보이게 만든다고 하여 사랑했으며, 죄악은 미덕을 드러낸다고, 어리석음과 범죄도 각각의 이유에서 사랑했다. 모든 것이 좋으며, 신은 다양성을 축복했다. 가장 단순한 인간이 그에게 말한 것이 중요했다. 눈을 활짝 열고 바라보면 가장 어리석은 사람에게서도 배울 수 있고, 학자에게서보다 글자를 모르는 사람에게서 더 많은 것을 배울 수 있다. 단 한 가지만이 잘못이고 범죄다. 이 다양한 세상을 학설이나 체계 안에 가두려고 하는 것, 다른 사람을 자유로운 판단과 그들이 정말로 원하는 것에서 멀어지게 하는 것, 자기 안에 있지 않은 것을 강요하려 하는 것이야말로 잘못이고 범죄다. 이런 사람들만이 자유에 대한 경외심을 모르는 사람들이다. 정신적 독재에 '미친 자들', 자기들이 얻은 '새로운 것'이 세상에서 유일하게 옳은 진리라고 우기면서 자기들이 옳다는 것을 증명하기 위해 수십만 명의 피를 아무렇지도 않게 여기는 사람들보다 몽테뉴가 더 미워한 것은 없었다.

자유로운 사상가의 삶이 언제나 그렇듯 몽테뉴의 삶도 관용을 지향한다. 스스로를 위해 자유롭게 생각하는 사람은 당연히 다른 사람에게도 동일한 권리를 주는바, 몽테뉴보다 그것을 더 존중한 사람은 없다. 그는 루앙에서 만난 브라질 출신의 식인종 사람들을 보았을 때 그들이 사람을 먹었다는 이유로 놀라 움츠러들지 않았다. 그는 평온하고도 명료한 목소리로, 사람을 먹는 것이 살아 있는 사람을 고문하고 괴롭히는 것보다 사소한 일이라고 말하고 있다. 그는 그 어떤 믿음이나 관점도 처음부터 거부하지는 않았고, 그 어떤 선입견으로도 자신의 판단을 흐리게 하지 않았다. 이것은 인간이 언제나 자유로울 수 있다는 것에 대한 증거이기 때문에 매우 중요한 일이다. 칼뱅은 마녀 재판을 옹호하면서 적대자를 서서히 불길에 태워 죽이도록 했고, 루터는 악마가 나타난 것으로 믿고 벽을 향해 잉크병을 던졌으며, 토르케마다(1420~1498, 도미니크회 수도사)는 수백 명을 화형에 처했다. 그들을 찬양하는 사람들은 그들에게 달리 도리가 없었다는 식의 변명을 하곤 한다. 자기 시대의 관점에서 완전히 벗어나기란 불가능한 것이라고 말이다. 하지만 인간적인 것은 변하지 않는 법이다. 광신주의의 시대에도 언제나 휴머니스트들이 살았고, 마녀 박해의 시대에도 화형 재판소와 종교재판 당국은 에라스무스, 몽테뉴, 카스텔리오 같은 사람들의 명료함과 인간적인 면모를 단 한순간도 흐려놓을 수가 없었다. 자기 자신을 위해 자유롭게 생각하는 사람은 지상의 모든 자유를 존중하는 것이다.

: 작은 장소에 묶여 있는 사람은 작은 근심에 빠진다.

1570년 서른여덟의 나이로 미셸 드 몽테뉴는 삶과 최후의 고별을 했다고 믿으면서 탑으로 물러났다. 그는 뒷날 셰익스피어가 그랬듯이 매우 명료한 눈길로 모든 것이 깨지기 쉽다는 것을 깨달았다. "관직의 오만, 정치의 어리석음, 궁정 봉직의 굴욕감, 행정직의 지루함", 무엇보다도 이 세상에서 활동하기에 부적합한 자신의 특성을 알아본 것이다. 그는 사람들을 도우려고 노력했지만, 사람들은 그를 원하지 않았고, 그는——물론 지나치게 열심히는 아니었고 언제나 자신을 존중하는 인간으로서의 자부심을 지닌 채로——권력자들에게 충고를 하고 광신자들을 진정시키려고 노력했지만, 사람들은 그를 얻으려 애쓰지 않았다. 해가 갈수록 시대는 점점 더 불안해지고 나라는 소요에 휩싸였으며, 바르톨로메오 밤의 학살은 새로운 출혈을 부르고 있었다. 시민전쟁은 그의 집 문 앞까지 닥쳐 있었다. 그래서 그는 더 이상 휩쓸리거나 흔들리지 않기로 결심했던 것이다. 이제 그는 세상을 보고 싶지 않았고, 오직 자신의 서재에서 카메라 옵스큐라를 들여다보듯 자신의 그림자를 비추어보았다. 그는 세상에서 물러났으며, 이미 체념했다. 다른 사람들이 지위나 영향력, 명성 따위를 얻기 위해 노력하든지 말든지 그는 오직 자신만을 돌보았다. 자신의 탑에 보루를 쌓고, 자신과 세상의 소음 사이에 1천 권의 책으로 방벽을 쳤다. 이따금 바깥나들이를 했다. 생 미셸 수도회의 기사 자격으로 샤를 9세의 장례식에 참석했고, 사람들이 정치적 중재를 요청하면 이따금 그 일을 떠맡았다. 하지만 그런 일에 영혼을 다하여 참여하지는 않을 것이라 단단히 마음먹었으며, 현실의 사건들을 넘어서기로, 즉 가톨릭파의 기즈 공작과 위그노파의 콜리니 제독의 전투들을 마치 그 옛날 그리스의 플라타이아이 사람들의 전투처럼, 먼 산 불구경하듯 바라보며 극복하기로 단호히 결심하고 있었다. 그는 인위적인 망원경을 만들었고, 함께 고통받지 않기로, 즉 가톨릭-개신교 전쟁에 동참하지 않기로 굳게 마음먹었다. 자아만이 그의 세계였다. 그의 세계는 몇 가지 추억을 그리기, 몇 가지 생각을 모으기, 살기보다는 오히려 꿈꾸기, 참을성 있게 죽음을 기다리며 그것을 예비하기 등이었다.

그는 그와 비슷한 광분의 시대에 우리 모두가 하고 있는 것과 같은 말을 자신에게 했다.

"세상일에 신경 쓰지 마라. 네 안에서 구원할 수 있는 것을 구원하라. 다른 사람들이 파괴하는 동안 건설하고, 이 광기 한가운데서 너 자신을 위해 분별을 지키도록 노력해라. 너 자신을 잠가라. 너 자신의 세계를 세워라."

하지만 그사이에 시간이 흐르고 이제는 1580년이 되었다. 그는 10년 동안이나 자신의 탑 속에서 세상과 멀리 떨어져 지내면서 모든 게 끝났다고 믿었다. 하지만 이제는 자신의 오류를 알아보았다. 몽테뉴는 오류를 범하면 언제나 그것을 고백하는 사람이었다. 첫째 오류는 서른여덟 살의 나이로 이미 늙었다고 믿었다는 점, 너무 일찍 자신의 죽음을 예비하고 산 채로 관 속에 들어가 누웠다는 점이었다. 이제 마흔여덟 살이 되었는데 놀랍게도 감각이 흐릿해지기는커녕 오히려 맑아지고, 생각은 더욱 명료해졌으며, 영혼은 더욱 침착해지고 호기심에 넘치게 되었음을 깨달았다. 그렇게 일찍 체념하고 생명의 책이 마지막 장에 이르기라도 한 것처럼 책을 덮어버리면 안 되는 것이었다.

책을 읽고, 플라톤과 더불어 고대 그리스에서 시간을 보내고, 세네카의 지혜에 한 시간 동안 귀를 기울이는 것은 좋은 일이다. 다른 세기에 살았던 이런 동반자들, 세계 최고의 인물들과 함께 지내는 것은 휴식이며 위안이었다. 하지만 인간은 자기 자신의 세기에 사는 것이다. 그러고 싶지 않아서 "우리가 더 나은 시대에 살지 못함을 안타깝게 여길 수는 있어도 현재에서 벗어나 도망칠 수는 없다." 그리고 시대의 공기는 굳게 잠긴 공간 안으로도 밀려들어왔다. 특히 그것이 흥분된 공기일 경우에는 더욱 그랬다. 후덥지근하고 열에 들떠 뇌우를 품은 공기였다. 우리 모두 그것을 경험하고 있거니와, 나라가 소요 속에 있으면 그것에 귀를 막고 있어도 영혼은 평화로울 수가 없다. 탑과 창문을 통해서 시대의 진동이 느껴진다. 잠깐 휴식을 취할 수는 있어도 완전히 시대에서 벗어날 수는 없다.

그리고 또 다른 오류가 있음을 몽테뉴는 천천히 깨달았다. 그는 정치와 관직과 일이라는 큰 세계에서 벗어나 집과 가족이라는 작은 세계로 물러남으로써 자유를 찾으려 했으나, 머지않아 자기가 한 가지 속박을 다른 속박으로 바꾼 것임을 깨달았다. 자기 자신의 토대에 뿌리를 내리려 해도 아무 소용이 없었다. 큰 줄기 주변으로 덩굴식물과 잡초가 자라났으며, 근심이라는 작은 쥐들이 뿌리를 갉아먹었다. 다른 누구도 발을 들여놓지 못하게 그 스스로 세

위놓은 탑도 아무 소용이 없었다. 그가 창문을 통해 내다보면 들판에 서리가 내린 것이 보였고 그러면 포도 농사를 망쳤다는 생각을 하게 되었다. 책을 펼치면 아래서 싸우는 소리들이 들렸고, 자기가 이 공간을 벗어나는 순간 이웃들에 대한 불평의 소리와 집안 경영에 따르는 온갖 근심을 얻게 될 것임을 알고 있었다.

그것은 은둔자의 고독이 아니었다. 그는 소유물을 갖고 있었고, 소유는 그 소유를 기뻐하는 사람만을 위한 것이다. 몽테뉴는 거기에 매달리지는 않았다. "돈을 모으는 것은 내가 잘 모르는 어려운 일이다." 하지만 소유물이 그에게 매달렸다. 그것은 그를 자유롭게 놓아두지 않았다. 몽테뉴는 자신의 상황을 분명히 보고 있었다. 더욱 높은 관점에서 보면 이 모든 괴로움이 작은 근심에 지나지 않음을 그는 알고 있었다. 개인적으로는 그 모든 것을 기꺼이 던져버리고 싶었다. "그 모든 것을 포기하기란 내게는 쉬운 일이겠지." 하지만 거기 몰두하고 있는 한에는 그것을 놓아버리지는 못한다. "아무런 근심도 없이 그 모든 것을 보살피기란 어려운 일이다."

몽테뉴는 디오게네스가 아니었다. 그는 집을 사랑했고, 자신의 부富와 귀족 작위를 사랑했으며, 안전을 위해 언제나 금화가 든 작은 금고를 지니고 다닌다고 고백하였다. 또한 고관으로서의 지위도 즐겁게 누렸다. "내 고백하거니와 그것이 작은 헛간에 지나지 않는다 하더라도 무언가를 지배한다는 것은 즐거운 일이다. 또한 자기 집 지붕 아래서 누군가의 복종을 받는다는 것도 즐거운 일이다. 하지만 그것은 지루한 즐거움이며, 일련의 괴로움을 통해 망가지는 즐거움이다." 플라톤을 읽으려 할 때는, 아랫사람들의 시비를 가려줘야 한다거나 이웃과의 소송을 준비해야 하는 것도 근심거리이며 작은 수선 하나하나도 근심거리다. 이 모든 하찮은 것들을 신경 쓰지 말라는 것이 지혜의 가르침일 것이다. 하지만 우리 모두 경험했듯이 소유물이 있는 한 인간은 소유물에 달라붙어 있고 소유물은 천 개의 작은 갈고리로 매달리게 마련이니, 오직 한 가지만이 도움이 된다. 거리를 두면 모든 것이 변한다. 외적인 거리가 내적인 거리를 만들어내는 것이다. "집을 떠나자마자 나는 이 모든 생각을 내게서 싹 지워버린다. 내 집에서 탑이 무너진다 해도 집 안에 있는 지금 지붕에서 널빤지 하나 떨어지는 것보다 덜 근심할 것이다." 작은 장소에 묶여 있는 사람은 작은 근심에 빠진다. 모든 것은 상대적이다. 몽테뉴는 언제나 거듭, 우리가 근심이라 부르는 것은 자체 무게를 지닌 것이 아니라 우리가 그것을 키우거나 줄이는 것이라고 말한다. 모든 것은 그 자체의 무게를 지니는 것이 아니라 우리가 그것에 부여한 무게를 지닌다. 가까이 있는 것이 멀리 있는 것보다 더 많은 근심을 만들어내고, 우리가 작은 척도로 움직일수록 작은 것이 더 많은 근심을 만들어낸다.

이 모든 이유들이 은둔의 10년이 지난 마흔여덟 살에 그의 내면에서 그 모든 습관, 그 모든 규칙성과 안전에서 벗어나 다시 세상으로 돌아가야겠다는 '불안한 기분'을 일깨웠다. 몽테뉴는 탁월한 인간적 솔직함으로 그것을 말하고, 언제나 그렇듯이 우리들 누구나 느끼는 것을 분명하게 말했다. 그리고 우리는 고독으로부터의 탈출에 대한 이런 이유들 못지않게 중요한 또 다른 이유 하나를 행간에서 읽어내야 한다. 몽테뉴는 언제 어디서나 자유와 변화 가능성을 탐색하였다. 하지만 가족도 제약이며 결혼 생활은 단조롭다. 그가 집안의 생활에서 계속 행복했던 것만은 아니라는 느낌을 받게 된다.

결혼은 그 자체로 쓸모가 있고, 합법적인 결합이며 명예롭고 지속성을 지닌 것이지만——'지루하고 늘 똑같은 즐거움'이다. 몽테뉴는 지루한 감정이나 늘 똑같은 감정을 사랑하지 못하는 변화의 인간이었다.

그가 사랑의 결혼이 아닌 합리적 결혼을 했다는 것 그리고 사랑의 결혼을 오히려 좋지 않다 여기고, 합리적 결혼을 유일하게 올바른 것으로 보고 있음을 그는 수많은 목소리로 되풀이해서 말했다. 그가 그냥 '관습'을 따랐던 것, 흔들리지 않는 솔직함으로 남자보다는 오히려 여자에게 심심풀이 애인을 둘 권리를 인정해주었다는 것에 대해, 사람들은 수백 년 동안이나 몹시 화를 냈다. 그 때문에 많은 전기 작가들은 그의 늦둥이 자녀들이 그의 친자식인지를 의심하기도 했다.

그 모든 것이 이론적인 관점이었을지도 모른다. 하지만 오랜 결혼 생활 뒤에 그가 다음과 같이 말하는 것은 이상하게 들린다.

"우리 세기에 여자들은 남편이 죽기까지 남편에 대한 감정과 좋은 견해를 미루어둔다. 그리고 남편이 죽어야 비로소 남편을 사랑할 수 있음을 보여준다. 우리의 삶은 싸움으로 가득 찬 것이고, 우리의 죽음은 사랑과 배려로 가득 찬 것이다."

이런 말끝에 그는 다음과 같은 치명적인 말을 덧붙인다.

"과부가 되어 더 건강해지지 않는 여자가 드문데, 건강은 거짓말을 못하는 법이다."

소크라테스는 크산티페와의 결혼 생활을 경험한 뒤에도 결혼에 대해 더 나쁘게 말하지 않았다고 한다. "그러니 너는 그녀의 눈물 젖은 눈에 유념할 필요는 없다." 우리는 몽테뉴가 아내에게 작별을 고하면서 이렇게 말하는 것을 듣는 것만 같다. "여자가 남편의 이마에 그렇게 꼭 눈길을 붙이고 있어서는 아니 되오. 필요한 순간에 남편이 잠깐 등을 돌리는 것을 여자가 못 참아서는 안 되는 것이지." 그는 좋은 결혼에 대해 말할 때면 곧바로 단서를 덧붙이곤 했다. "그런 게 있다면 말이지만" 하고.

10년 동안의 고독은 그 자신에게 좋은 것이었다고 생각되지만 그것은 이미 충분한 기간, 아니 그 이상이었다. 그는 고독한 생활 끝에 자기가 경직되고 더욱 좁아지고 작아졌음을 느꼈다. 몽테뉴는 평생 동안 이런 경직에 저항한 사람이다. 창조적인 사람에게 이제 삶을 바꿀 시간이 왔음을 알려주는 본능을 지니고 있던 몽테뉴는 적절한 시간을 알아차렸다. "집을 떠날 가장 좋은 시간은 네가 집안의 질서를 잡아놓아서 네가 없이도 집이 잘 굴러갈 수 있을 때이다." 그는 자기 집의 질서를 잡아놓았다. 농경지와 토지는 잘 정비되어 있었으며 금고도 가득 채워졌으니 긴 여행의 '경비'를 감당할 수 있었다. 그는 언제나 여행에서 돌아왔을 때의 근심으로 여행의 즐거움이 망가지지 않도록 조심해야 한다고 생각했기 때문이다.

또 다른 일, 즉 정신적인 작업도 정리되고 있었다.『수상록』원고를 인쇄하도록 넘겼고, 자신의 생애를 요약한 두 권은 이미 인쇄되었으며, 이제 이 시리즈는 끝이 났다. 괴테가 좋아하는 말을 빌리자면, 이 책들은 완전히 끝나 벗겨진 뱀의 허물처럼 저 뒤편에 놓여 있었다. 이제는 새로 시작할 시간이 되었다. 그동안 숨을 내쉬었으니 이제는 다시 들이쉴 차례가 된 것이다. 그동안 든든히 뿌리를 박고 있었으니 이제는 다시 뿌리를 뽑아버릴 때이다. 새로운 단락이 시작되었다. 10년 동안의 자발적인 은둔생활 뒤에—— 몽테뉴는 평생 자유의지에서 비롯되지 않은 일을 한 적이 없었기에——1580년 6월 22일에 마흔여덟 살의 사내는 여행을 떠났다. 2년 동안 그는 아내와 탑과 고향과 작업 등 모든 것을 멀리했다. 멀리하지 않은 것은 오직 자기 자신뿐이었다.

그것은 정처 없는 여행, 여행 자체를 위한, 아니 여행의 즐거움을 위한 여행이었다. 지금껏 그의 여행은 언제나 어느 정도까지는 의무에 따른 여행이었다. 의회나 궁정의 임무를 맡아서, 아니면 사업상의 고려에서 잠깐 길을 떠나는 정도였다. 하지만 이번에는 자기 자신을 발견한다는 것 말고는 그 어떤 목적도 없는 진짜 여행이었다. 자신을 발견한다는 것은 어차피 그의 영원한 목적이었다. 그는 아무런 계획도 세우지 않았고, 무엇을 보게 될지도 몰랐다. 아니, 그 무엇도 미리 정해두고 싶지 않았다. 사람들이 목적지를 물으면 그는 명랑한 목소리로 이렇게 말했다.

"낯선 곳에서 무엇을 볼지는 모르지요. 하지만 무엇을 피해 도망치는지는 아주 잘 알고 있답니다."

그는 오랫동안 같은 곳에 있었기에 지금은 다른 것을 원하는 것이며, 그것이 이전의 것들과 다르면 다를수록 좋았다. 집에서 모든 것이 아주 좋다고 여기는 사람들은 집이라는 제약 속에서 더욱 행복할지도 모른다. "그들의 지혜가 아니라 그 행운이 부러울 뿐이다." 누군가가 그의 이런 선호를 '불안함의 증거'이며 '우유부단함'이라고 말하면, 그는 웃으며 그 말이 맞다고 대답했다. "나는 어디에 머물고 싶은지 꿈속에서만, 그리고 소원으로만 알 뿐이다. 이 하나의 방식으로 나는 만족한다." 이 여행에서 그를 자극하는 점은 바로 모든 것이 다르다는 것이었다. 언어도, 하늘도, 관습도, 사람도, 공기도, 교회도, 거리도, 침대도 모두 달랐다. 구경한다는 것은, 그에게는 배우고 비교하고 더 잘 이해한다는 뜻이기 때문이다. "다른 생활습관에 자신을 노출시키고, 인간 본성의 무한한 다양성을 구경하는 것보다 더 나은 삶의 학교를 모르겠다."

스스로 자유를 얻기 위해 몽테뉴는 여행을 했고, 여행 내내 그는 자유의 모범을 보여주었다. 이렇게 표현할 수 있다면, 그는 정말로 발길 닿는 대로 나아갔다. 여행 도중에는 의무를 연상시키는 모든 것을 피했다. 심지어는 자기 자신에 대한 의무까지도 말이다. 그는 계획도 세우지 않았다. 길이 이끄는 대로, 기분 내키는 대로 방향을 잡았다. 스스로 여행을 했다기보다는 여행이 이끄는 대로 딸려 갔다. 보르도에서의 미셸 드 몽테뉴는 파리나 아우그스부르크에서의 미셸 드 몽테뉴가 어디에 있을지, 다음 주에는 어디로 가 있을지를 몰랐던 것이다. 그것은 또 다른 몽테뉴일 테니까, 아우구스부르크나 파리의 몽테뉴는 자유롭게 결정할 것이다. 그는 자신에 대해서도 자유롭기를 원했다.

"나는 살고 기뻐하는 것 말고는 다른 목적이 없다." 그냥 움직인다. "삶이란 육체적 물질적 움직임이다." 무언가를 놓쳤다고 생각되면 길을 되돌아간다. 속박 없음이 차츰 그의 정열이 되었다. 심지어는 자신이 선 길이 어디로 향하는지를 알게 되면 종종 약간의 부담을 느꼈다. "나는 여행에서 상당한 즐거움을 찾아냈기에 내가 묵기로 계획한 장소에 점점 다가갈수록 왠지 짜증이 났다. 나는 완전히 홀로 내 의지에 따라 내 편할 대로 여행할 수 있는 여러 가지 가능성을 궁리해보았다." 그는 관광 명소를 찾지 않았다. 색다르기만 하면 무엇이든 구경거리였기 때문이다. 오히려 아주 유명한 장소는 피하고 싶어 했다. 너무 많은 사람들이 이미 그것을 보고 서술했기 때문이다. 모든 사람의 여행 목적지인 로마는 처음부터 불쾌하게까지 생각되었다. 그곳은 온 세상의 목적지이기 때문이다. 그의 비서는 일기에 이렇게 기록했다.

"그가 완전히 혼자였다면 이탈리아를 여행하기보다는 차라리 크라쿠프까지, 또는 시골길을 따라 그리스까지 갔을 것이라고 생각한다."

몽테뉴의 원칙은 언제나 '다를수록 좋다'는 것이었다. 자기가 기대했던 것이나 다른 사람의 기대를 불러일으켰던 것을 발견하지 못한다 해도 그는 별로 불만스러워하지 않았다. "다른 사람들이 어떤 장소에서 기대하게끔 만든 것을 발견하지 못해도——내가 보니 대부분의 보고가 거짓이니까── 나는 헛수고를 했다고 탄식하지 않는다. 적어도 이런저런 말이 참이 아니라는 사실을 배우게 되었으니까." 바람직한 여행자였던 그는 그 무엇에도 실망하는 법이 없었다. 괴테처럼 그도 이렇게 말했다.

"짜증도 인생의 한 부분이다." "다른 나라의 관습은 내게 그 다름으로 이미 즐거움을 준다. 나는 모든 관습이 그 나름으로 옳다는 것을 알았다. 주석 접시로 대접을 받든 목재 접시나 점토 접시에 대접을 받든, 내 접시에 올라온 고기가 끓인 것이든 구운 것이든 뜨겁든 차든, 버터를 주든 올리브 오일을 주든, 견과류를 주든 올리브 열매를 주든 내게는 상관이 없다."

나이 든 상대론자 몽테뉴는 자신의 동향 사람들이 자기 동네를 벗어나자마자, 자기들의 관습에 위반되는 것에는 언제나 맞서야 한다는 망상에 사로잡혀 있는 것을 보고 부끄럽게 여겼다. 몽테뉴는 낯선 곳에서는 낯선 것을 보고자 했다. "나는 시칠리아에서 가스코뉴 사람을 찾지 않는다. 고향에서 가스코뉴 사람을 실컷 볼 테니까." 그래서 그는 자기가 이미 잘 아는 프랑스 사람을 피하려고 했다. 그는 스스로 판단하려고 했을 뿐 선입견을 가질 생각은 없었다. 여행을 어떻게 해야 할지에 대해 우리는 몽테뉴에게서 많은 것을 배울 수 있다.

가족들은 궁극적인 걱정——이것은 그가 한 답변에서 짐작할 수가 있는데——에서 걱정적인 여행자를 집에 붙잡아두려 했던 것 같다.

"타향에서 아프기라도 하면 어쩔 건가요?"

실제로 3년 전부터 몽테뉴는 당시의 모든 학자들이 아미도 앉아 있는 생활방식과 올바르지 않은 식생활 때문에 얻었을 질병을 앓고 있었다. 에라스무스나 칼뱅처럼 그도 쓸개에 문제가 있었으며, 여러 달 동안이나 말을 타고 낯선 길을 돌아다닌다는 것은 힘든 일이었던 것 같다. 하지만 몽테뉴는 자유만이 아니라 가능하면 건강도 되찾기 위해서는 여행길을 나서야 했기에 어깨를 으쓱했을 뿐이다. "오른쪽이 아플 것 같으면 왼쪽을 향하고, 말에 올라탈 정도의 상태가 아니면 멈춘다. 뭔가를 보지 못하고 중단했는가? 그럼 나는 되돌아간다. 그것도 내 길이니까." 이와 마찬가지로 그는 식구들의 걱정에 대해서도 타향에서 죽을 수도 있는 법이라고 대답했다. 만일 그것이 두려웠다면 그는 몽테뉴 교구를 벗어날 수 없었을 것이다. 더구나 프랑스 국경을 넘어설 수는 없었을 것이다. 죽음은 어디에나 있는 것이니 침대에서 죽음을 맞기보다는 차라리 말을 타고 죽음을 맞는 편이 그에게는 더 좋았다. 진정한 코스모폴리탄이었던 몽테뉴에게 그것은 아무래도 좋은 일이었다.

1580년 6월 22일에 미셸 드 몽테뉴는 자기 성문을 벗어나 밖으로 나갔다. 매제와 몇몇 친구들과 스무 살짜리 수도사 한 사람이 그를 따라나섰다. 이들 길동무가 아주 훌륭한 선택은 아니었다. 뒷날 몽테뉴 스스로 그들이 적합한 사람들이 아니었다고 단언했고, 그들도 '모르는 나라를 방문하는' 몽테뉴의 기묘하고 고집스럽고 개인적인 방식에 적지 않게 고통을 받았다. 그것은 대공의 소풍은 아니었지만 그래도 당당한 행렬이었다. 가장 중요한 것은 그가 그 어떤 선입견도, 오만함도, 확고한 견해도 지니지 않았다는 점이다.

길은 우선 파리로 향했다. 몽테뉴가 전부터 사랑했던 이 도시는 다시 한 번 그를 매혹했다.

그의 책 몇 부가 그보다 먼저 파리에 도착했지만, 그는 왕에게 바치기 위해 직접 두 권을 더 가져갔다. 앙리 3세는 이 책에 대한 적절한 감각을 지닌 사람은 아니었다. 그는 늘 전쟁 중이었기 때문이다. 하지만 궁정의 모든 사람들이 그 책을 읽고 그에게 매료되어 있었기에, 왕도 그의 책을 읽고 라 페르 연대의 포위 작전을 보라고 몽테뉴를 초대했다. 모든 것에 흥미를 느끼던 몽테뉴는 여러 해 만에 진짜 전쟁을 보면서 두려움도 느꼈다. 친구의 한 사람인 필리베르 드 그라몽이 그곳에서 총알을 맞고 전사했기 때문이다. 몽테뉴는 친구의 시신을 따라 스와송 지역까지 왔다.

그리고 1580년 9월 5일에 저 특이한 일기가 시작된다. 기묘하게도 괴테의 운명과 비슷하다. 상인이던 괴테의 아버지는 이탈리아에서 일기를 썼고, 프랑수아 1세의 병사이던 몽테뉴의 아버지도 이탈리아에서 일기를 써서 집으로 가져왔었다. 아버지의 뒤를 이어 괴테가 이탈리아에서 일기를 쓰고, 피에르 에켐의 아들 미셸 드 몽테뉴도 이탈리아에서 아버지의 전통을 이어받은 것이다. 로마까지는 비서가 모든 사건을 기록했는데, 몽테뉴는 로마에서 비서에게 휴가를 주었다. 그러고는 자신이 그 일을 맡아서, 가능하면 그 나라에 적응하려는 자신의 뜻에 맞게 프랑스 국경을 다시 넘어오는 그날까지, 상당히 조잡한 이탈리아어로 일기를 썼다. "여기서는 사람들이 프랑스 말을 한다. 그러니 나도 이제는 이 낯선 언어를 그만두기로 한다."

그는 원래 여행 중에 글쓰기를 중단할 셈이었다. 그 대신 비서가 그를 위해 기록하도록 했다. 하지만 "내게는 얼마나 불쾌한 일이 되었든 간에 내가 손수 그 일을 계속해야 한다."

몽테뉴는 플롱비에르의 여러 온천에서 열흘 동안 집중 강화 치료를 통해 통증을 완화시키려고 노력한 다음, 바젤, 샤프하우젠, 콘스탄츠, 아우그스부르크, 뮌헨, 티롤을 거쳐 베로나로 갔다. 이어서 비첸차, 파도바, 베네치아 등지를 거쳐 페라라, 볼로냐, 피렌체 그리고 11월 15일에 로마로 들어갔다. 여행기는 예술작품이 아니었고, 그럴수록 가장 작은 부분에 이르기까지 몽테뉴 자신이 썼지만 그의 언어로 된 것은 아니었다. 이 기록은 예술가 몽테뉴를 보여주는 것은 아니지만 그의 다양한 특성과 심지어 작은 약점들까지 담고 있어 인간 몽테뉴를 잘 보여준다. 생선 장수와 유대인 상인의 손자인 그가 여관집 주인들에게 특별히 값비싼 이별 선물로 섬세하게 그려진 문장紋章을 선물한 것은 어딘지 모르게 감동적이다. 그의 어리석음 가운데서도 세련된 모습을, 그의 허영 가운데서도 온갖 외형적인 것을 멸시하는 자유인 몽테뉴를 보는 것은 언제나 즐거움을 준다. 몽테뉴보다 그것을 더 잘할 수 있는 사람이 어디 있으랴.

처음에는 모든 것이 퍽 순조로웠다. 몽테뉴는 기분이 고조되었고, 그의 호기심이 질병보다 더욱 강력했다. 언제나 자신의 '많은 나이'를 비웃던 마흔여덟 사내가 지구력에서 젊은 사람들을 능가했다. 그는 이른 아침 안장 위에 앉아 겨우 빵 한 조각만을 먹은 채 말을 탔다. 가마, 빵, 마차, 안장, 걷기 등 무엇이든 다 좋았다. 질 나쁜 숙소를 만나면 화를 내기보다 오히려 즐거워했다. 사람들을 보는 것, 어디서나 다른 사람들과 다른 관습을 보는 것이 그의 가장 큰 기쁨이었다. 어디서나 그는 사람들을 만나려 했고, 그것도 온갖 계층의 사람들을 만나려고 했다. 그리고 누구에게나 무엇을 좋아하는지——또는 오늘날의 표현으로 하자면 '취미'가 무엇인지——를 물었다. 그는 그 어떤 계층도 가리지 않고 사람들을 만나려 했다. 페라라에서는 공작과 식사를 하고 교황과도 담소를 나누었지만, 가난뱅이 가톨릭 수도사들이나 츠빙글리파와 칼뱅파 개신교도들도 가리지 않고 만나 이야기를 나누었다.

그가 찾는 구경거리는 관광 안내 책자에 나오는 것들이 아니었다. 라파엘로나 미켈란젤로, 건축물 등에 대한 이야기는 거의 없다. 그 대신 어떤 범죄자의 처형을 구경했고, 유대인 가족이 할례를 행하는 예식을 보았고, 도서관들을 방문하고, 루카의 욕실들을 둘러보고, 농사꾼 아낙네들에게 무도회에 오라고 간청했으며, 온갖 악당들과도 이야기를 나누었다. 하지만 잘 알려진 구경거리를 찾아 발품을 팔지는 않았다. 자연스러운 모든 것이 그에게는 구경거리였다. 괴테와 달리 그가 빙켈만을 모른다는 것은 큰 장점이었다. 18세기의 유명한 고고학자인 빙켈만은 18세기에 이탈리아를 여행하는 사람들 모두가 문화사를 탐구하게끔 만들었다(18세기 이전에 살았던 몽테뉴는 유명한 빙켈만을 알 리가 없으니 이탈리아에서 그런 강박적인 문화사 탐구를 할 필요가 없었던 것이다). 몽테뉴에게는 살아 있는 모든 것이 같은 줄에 나란히 서 있었던 셈이다.

그는 교황이 집전하는 미사에 참석하고, 교황의 영접을 받았으며, 고위 성직자들과 긴 담화를 나누었다. 그들은 그에게 책의 다음 쇄를 위해 조심스럽게 제안했다. 이 위대한 회의주의자에게, 너무 빈번히 사용하는 '운명'이라는 낱말을 버리고 '신' 또는 '신의 섭리'라는 말을 사용해달라고 간청한 것이다. 그는 사람들의 환대를 받고 또 당당하게 로마의 시민으로 지명되었는데, 스스로도 이런 명예를 얻기 위해 노력했다(극히 자유로운 인간의 내면에 깃든 벼락 출세자의 요소). 하지만 다른 한편으로는 이미 베네치아에서도 그랬듯이, 로마에서도 자신의 가장 중요한 관심사가 고급 매춘부들을 향한 것임을 공개적으로 당당하게 고백하고 있다. 일기에서 그는 그들의 관습과 특성에 대해서 시스티나 예배당이나 피렌체의 대성당보다 더욱 많은 지면을 할애하고 있다. 새로운 종류의 젊음이 그에게 되돌아왔고 그런 젊음은 자연스러운 길을 밟았다. 그가 지니고 온 금고의 내용물 일부가 그들에게 사용되었던 것으로 보인다. 그가 묘사한 바에 따르면 일부는 이런 여인들과의 대화를 위해서, 일부는 다른 서비스를 위해서 말이다. 여행은 그의 피를 다시 끓어오르게 만들었다. 방광결석(!)에도 불구하고 그는 말을 타고 그들의 집을 찾아갔다.

여행의 마지막 시기는 질병으로 인해 망가지고 말았다. 그는 요양을 했는데, 매우 야만적인 방식을 취했다. 교의적인 것을 싫어했던 탓에 그는 스스로 자신의 요양법을 찾아내려고 했다. 무엇보다도 스스로 자신의 의사가 되고 싶어 했다. 병은 상당히 심각한 상태였다. 치통과 두통에서 다른 통증으로 옮겨 갔다. 자살을 생각한 순간까지 있을 정도였다. 이런 가운데 새로운 소식이 찾아왔는데, 이에 대해 그가 기뻐했는지는 의문의 여지가 있다. 보르도 시민들이 그를 시장으로 임명한 것이다. 이 임명은 기묘한 것이었다. 몽테뉴는 벌써 11년 전에 모든 관직에서 물러나 단순한 자문 역할 정도만 하고 있었기 때문이다. 최근 출간한 책의 명성 덕분에 보르도 시민들이 그가 알지도 못하는 사이에 그를 시장으로 임명한 것일 수도 있고, 어쩌면 가족이 그를 도로 불러들이기 위해 노력한 덕분일지도 모른다. 어쨌든 그는 로마로 돌아왔다가, 로마에서 집으로, 즉 가족의 품으로 돌아왔다. 그 자신이 정확하게 기록하고 있듯이 17개월과 8일 동안 집을 떠나 있다가, 1581년 11월 30일에 자신의 성으로 돌아왔다. 그는 더욱 젊어지고, 정신적으로도 더욱 생기 있고 활발해진 모습이었다. 2년 뒤에 막내 아이가 태어난다.

7 마지막 나날들

: 모든 경험을 탐색한 이 사람은 자기 삶의 마지막 국면, 즉 죽음을 알아야 했다.

몽테뉴는 세상에서 가장 어려운 일, 즉 자기 자신으로 살기, 점점 더 자유로워지기를 시도했던 셈이다. 쉰 살이 되었을 때 그는 자신이 이 목저에 가까이 왔다고 여겼다. 하지만 이상한 일이 생겼다. 그가 세상에서 멀어져서 오로지 자기 자신에게만 몰두하고 있을 때 세상이 그를 부른 것이다. 젊은 시절 그는 공적인 활동과 품위를 얻으려 했지만 주어지지 않았다. 이제 사람들은 그에게 그것을 억지로 강요했다. 예전에는 왕들과 궁정이 자신을 이용하게 하려고 노력했으나 허사였다. 이제 사람들은 그를 점점 더 새롭고도 높은 직위로 올려 보냈다. 그가 자기 안에서 오로지 인간만을 탐색하고자 했을 때 다른 사람들이 그의 가치를 알아본 것이다.

본인의 의사와 무관하게 전체 동의를 통해 보르도 시장에 임명되었으니 "조국에 대한 사랑에서" 이런 "부담"을 떠맡아달라고 청하는, 그의 임명을 알리는 편지가 1581년

9월 7일에 도착했을 때 몽테뉴는 자신의 자유를 포기할 결심을 못했던 것으로 보인다. 그는 방광결석으로 고통을 받은 나머지 자살까지 생각하는 지경에 이르러 있었다. "이 고통을 없애지 못한다면 용감하고 빠르게 끝을 내야 한다. 그것만이 유일한 약이요 유일한 노선이며 학문"이라고 그는 말하고 있다. 무엇 때문에 관직까지 떠맡는단 말인가? 이제 자신의 내적인 과제를 알아차렸는데, 수고만 요구할 뿐 돈이나 특별한 명예도 가져다주지 않을 관직은 무엇 때문에 떠맡는단 말인가?

하지만 몽테뉴가 성에 도착해보니 거기에는 11월 5일자로 된 왕의 편지가 그를 기다리고 있었다. 이 편지는 보르도 시민들의 소망을 아주 분명하게 하나의 명령으로 바꾸는 것이었다. 왕의 편지는 몽테뉴가 없는 사이에 그의 개입 없이 이루어진 이 임명을 인정해주게 된 일이 기쁘다는 예의 바른 말로 시작된다. 하지만 왕은 그에게 "미루지도 말고 변명도 하지 말고" 즉시 임무를 떠맡으라고 명령한다. 마지막 문장은 모든 철회를 차단하는 것이었다. "그로써 공은 내가 몹시 환영하는 일을 하는 것이며, 그 반대는 내게 극히 불쾌한 일이 될 것"이라는 말이었다. 이런 왕의 명령에 대항할 길은 없었다. 싫은데도 불구하고 그가 아버지에게서 결석을 물려받았듯이, 시장직이라는 또 다른 유산도 억지로 받게 된 것이다.

그가 극단적인 정직성에 맞게 맨 먼저 한 일은 자기를 임명한 사람들에게 경고를 보내는 것이었다. 자신의 아버지가 한 것 같은 극진한 헌신을 자기에게 기대하지 말라는 경고였다. 아버지의 영혼이 "이런 공적 부담으로 인해 잔인하게 방해를 받는" 것을 보았으며, 아버지의 가장 좋은 시절과 건강 그리고 집안 살림까지도 모조리 이 임무를 위해 끊임없이 희생시키는 것을 보았다. 그 자신은 증오나 명예욕, 물욕, 폭력성 등은 없으나 다른 결함들을 갖고 있다. 기억력, '지속적인 경계심', 경험과 행동력 등이 부족하다. 언제나 그렇듯이 몽테뉴는 자신의 최후, 최고, 가장 소중한 것, 즉 '자신의 본질'을 자기 것으로 간직하고, 자신에게 부과된 것을 극히 조심스럽고 성실하게 이행하되 그 이상은 아님을 확실하게 하려고 했다. 그는 스스로에게서 벗어나지 않을 것임을 밖으로도 알리기 위해 보르도로 거처를 옮기지 않고 그냥 몽테뉴 성에 머물렀다. 그러나 그의 글쓰기에서도 그랬듯이 몽테뉴는 절반의 노고와 괴로움과 시간만을 바쳤는데도 재빠른 안목과 깊이 있는 세계 지식 덕분에 다른 누구보다도 훌륭하게 업무를 수행했던 것 같다. 사람들이 그에게 불만이 없었다는 점은 2년 임기가 끝난 다음 1583년 7월에 2년간 더 시장직을 그에게 맡긴 것을 보면 알 수 있다.

그러나 도시에서 그에게 맡긴 이 하나의 관직과 임무로는 충분치 않다는 듯이 곧바로 궁정, 즉 국가와 넓은 정치 세계가 그를 불렀다. 오랜 세월 동안 권력자들은 파벌을 이룬 직업 정치가들이 자유롭고 독립적인 사람에게 보이는 불신을 가지고 몽테뉴를 바라보았다. 그 자신의 말처럼 "온 세상에 활동이 넘치는" 이 시대에 그의 수동성을 비난했던 것이다. 그는 그 어떤 왕에게도, 어떤 정당에도, 어떤 그룹에도 소속된 적이 없었고, 정당의 표지나 종교에 따라 친구를 선택하지 않고 그들의 공덕에 따라 선택했다. 이것이냐 저것이냐를 놓고 싸우는 시대에, 다시 말해 프랑스의 위그노파가 위협적인 승리를 하느냐 위협적으로 근절되느냐의 기로에 놓여 있던 시대에 이런 사람은 쓸모가 없었다.

그러나 끔찍한 내전이 나라를 황폐하게 만들고 광신주의의 부조리가 드러난 이제 정치에서 지금까지 결격 사유였던 무당파성이 갑자기 장점이 되고, 언제나 선입견과 온갖 판단에서 자유롭게 떨어져 있던 사람이 당파들 중간에 있다는 이점과 명성을 통해 이상적인 중재자로 떠오른 것이다.

프랑스의 상황은 극적으로 변해 있었다. 앙주 공작이 죽은 다음 살리카 법(여성 후계자를 왕위 계승권에서 제외하는 법)에 따라 앙리 드 나바르(뒷날의 앙리 4세, 부르봉 왕가의 시조)가 카트린 드 메디시스(앙리 2세의 왕비, 앙리 3세의 어머니)의 딸인 마르그리트의 남편으로서, 아들이 없는 앙리 3세의 적법한 계승자가 되었다. 하지만 앙리 드 나바르는 위그노교도로서 위그노파의 수장이기도 했다. 그로써 그는 위그노교도를 억압하던 정부와 날카롭게 대치하는 상황이었고, 왕실과도 대립했다. 10년 전에 왕궁의 창문에서 바르톨로메오 밤의 학살 명령이 나왔었다. 게다가 프랑스의 제1귀족 가문으로서 카트린 드 메디시스와 갈등을 겪고 있던 기즈 가문도 그의 적법한 왕위 계승권을 방해하려고 했다. 하지만 앙리 드 나바르는 왕권을 포기할 생각이 없었기에, 그와 앙리 3세 사이에 타협이 이루어지지 않는다면 프랑스는 다시 내전을 피할 수 없는 것으로 보였다.

프랑스에 평화를 확보해줄 이 세계사적인 위대한 사명을 위해서는 몽테뉴 같은 사람이 이상적인 중재자로 떠오른다. 그는 스스로 종교적 관용의 정신을 갖고 있었을 뿐만 아니라 개인적으로 앙리 3세와 왕위 계승권자인 앙리 드 나바르 두 사람 모두의 신뢰를 얻고 있었기 때문이다. 젊은 통치자인 앙리 드 나바르와는 일종의 우정 관계를 맺고 있었다. 그래서 몽테뉴가 뒷날의 기록에서 밝히고 있듯이, 앙리 드 나바르가 가톨릭교에서 파문을 당했을 때 몽테뉴는 고해 신부에게 앙리와 교유를 지속한 죄를 고백해야만 했다.

앙리 드 나바르는 1584년에 40명의 귀족과 하인을 몽땅 거느리고 몽테뉴 성을 방문하여 그의 침대에서 잠을 잤다. 앙리는 몽테뉴에게 비밀 임무를 맡겼는데 몽테뉴가 그 일을 얼마나 성실하고 믿음직하게 수행했는지는 몇 년 뒤에 다시 위기가 찾아와 앙리 3세와 장래의 앙리 4세 사이가 극단적인 위기로 치달았을 때 두 사람이 한 번 더 그를 중재자로 임명했다는 사실을 통해 입증된다.

보르도 시장으로서의 두 번째 임기가 끝나는 1585년에 몽테뉴는 연설과 명예 속에서 영광스럽게 퇴직했어야 했다. 하지만 운명은 그에게 그토록 멋진 퇴임을 허용하지 않았다. 나라가 위그노파와 가톨릭교도 사이의 새로운 내전으로 위협받고 있을 때도 그는 굳세게 버텼다. 무장을 갖추고, 낮이나 밤에도 병사들과 함께 방어 준비를 했다. 하지만 또 다른 적, 곧 페스트가 같은 해에 보르도에 번지자 그는 재빨리 도주하여 자신의 도시를 버렸다. 자기중심적인 본성을 지닌 몽테뉴는 자신의 건강을 가장 중요한 것으로 여겼다. 그는 영웅이 아니었고, 스스로를 영웅으로 여긴 적도 없었다. 그리고 그는 지오반니 카피스트라노 같은 위대한 주교도 아니었다.

당시에 페스트가 사람들에게 어떤 의미였는지를 우리는 전혀 상상할 수가 없다. 다만 어디서나 도주의 징후가 나타났다는 것, 에라스무스와 다른 수많은 사람들도 도주했다는 것만 알 뿐이다. 보르도 시에서는 여섯 달 이내에 주민의 절반인 1만 7천 명이 죽었다. 마차를 가진 사람, 말을 살 수 있는 사람은 누구나 도망쳤다. 오직 '가난한 사람들만' 뒤에 남았다. 몽테뉴의 집에도 페스트가 들이닥쳤고, 곧 그는 집을 떠나기로 결정했다. 늙은 어머니 앙투아네트 드 루프, 아내, 딸까지 그의 가족들도 모두 길을 떠났다. 이는 그가 자기 영혼의 강인함을 보여줄 좋은 기회였을 것이다. "수많은 다른 종류의 질병들이 갑자기 연달아 나타났기" 때문이다. 그는 심각한 재산 손실을 입으면서 집을 그대로 비워둔 채로 떠났기에 누구든 마음대로 들어와서 원하는 것을 집어갈 수 있었고, 실제로 그렇게 했다.

그는 외투도 없이 입은 복장 그대로 집에서 빠져나와 어디로 갈지도 모른 채 도망쳤다. 페스트가 발생한 도시에서 도망친 가족을 받아줄 사람은 어디에도 없었기 때문이다. "친구들은 질병을 두려워했고, 사람들은 서로가 서로를 두려워했다. 숙소를 구하려고 하면 그곳 사람들도 두려움에 사로잡혔으며, 어느 모임에서 누군가가 손가락 끝에 통증이 있다고 탄식하기 시작하면 사람들은 갑자기 거처를 바꾸어야 했다." 끔찍한 여행이었다. 도중에 그들은 경작되지 않고 버려진 들판, 사람들이 떠나버린 마을들, 매장도 하지 않은 시신들을 보았다. 여섯 달 동안 그는 "우울하게 이 행렬의 수장" 노릇을 했다. 그사이에 그에게서 도시의 행정을 넘겨받은 시민들이 연달아 편지를 보냈다. 몽테뉴의 도망에 대해 화를 내면서 그에게 돌아오라고 요청하다가, 마침내 그의 시장직이 끝났다는 통보를 해왔다. 하지만 정해진 퇴임식에도 몽테뉴는 나타나지 않았다.

공포에 질려 페스트를 피해 도망친 탓으로 어느 정도의 명예와 명성, 품위 등이 사라졌다. 하지만 본질은 구했다. 이리저리 6개월 동안을 방황하고 페스트가 사라진 12월에야 몽테뉴는 성으로 돌아와서 예전에 하던 일을 다시 시작했다. 즉 자기 자신을 탐색하고 인식하는 일이었다. 그는 새로운 책, 즉 『수상록』 3권의 집필을 시작했다. 다시 평화를 얻었으며 방광결석 말고는 성가신 일에서 해방되었다. 이제 죽음이 찾아올 때까지 조용히 앉아 있을 수 있게 되었다. 죽음은 벌써 여러 번이나 그를 '건드렸다.' 전쟁과 평화, 세계, 궁정과 고독, 가난과 부유함, 사업과 빈둥거림, 건강과 질병, 여행과 고향, 명성과 익명성, 사랑과 결혼, 우정과 고독 등 그토록 여러 가지를 경험한 다음 마침내 평화를 찾은 것처럼 보였다.

하지만 아직 마지막 일이 남아 있었다. 아직도 모든 것을 다 겪은 게 아니었다. 세상은 한 번 더 그를 불렀다. 앙리 드 나바르와 앙리 3세 사이의 상황이 위험할 정도로 날카로워졌다. 왕은 왕위 계승권자에 맞서기 위해 조와유스로 군대를 보냈고, 나바르의 앙리는 1587년 10월 23일에 쿠트라스에서 이 군대를 완전히 박살 냈다. 앙리 드 나바르는 승리자로서 파리로 진군해서 억지로 자신의 계승권을 쟁취하거나, 아니면 아예 왕좌를 차지할 수도 있는 상황이었다. 하지만 그는 신중하고 영리한 사람이라 이번 승리를 발판으로 도박을 하지 않았다. 그는 한 번 더 협상을 통해 일을 진행하려고 했다.

이 전투가 끝난 지 사흘 만에 말을 탄 군대가 몽테뉴 성에 나타났다. 군대의 지휘관은 허락을 구했고, 즉석에서 허락이 떨어졌다. 바로 앙리 드 나바르였다. 그는 승리한 이후에 어떻게 하면 이 승리를 외교적으로 평화롭게 가장 잘 이용할 수 있을지 조언을 구하기 위해 몽테뉴를 찾아온 것이었다. 이것은 비밀 임무였다. 몽테뉴는 중재자로서 파리로 가서 왕에게 나바르의 제안을 전하는 임무를 맡았다. 이것은 프랑스의 평화와 이후 수백 년 동안의 프랑스의 위대함을 보증해줄 결정적인 내용을 담은 것이었으니, 곧 앙리 드 나바르가 가톨릭으로 개종한다는 제안이었다.

몽테뉴는 그 추운 겨울에 즉시 길을 떠났다. 여행 가방에는 『수상록』 4판 개정판과 새로 쓴 제3권의 원고도 들어 있었다. 하지만 이것은 평화로운 여행이 아니었다. 도중에 그는 군대의 기습을 받아 약탈을 당했다. 두 번째로 내란을 몸소 경험한 것이었다. 파리에 도착해보니 왕은 마침 그곳에 없었고, 그는 체포되어 바스티유 감옥에 갇혔다. 다행히도 단 하룻밤만 감옥에서 지냈다. 카트린 드 메디시스가 곧바로 그를 석방시켰기 때문이다. 하지만 어디서나 평화를 구하던 사람은 이런 형태로 자유를 뺏긴다는 것이 대체 무슨 뜻인지를 한 번 더 경험해야 했다. 이어서 그는 다시 샤르트르, 루앙, 블루아로 여행을 계속하여 왕과 면담을 했다. 그로써 그의 임무는 끝났고, 그는 다시 자신의 성으로 돌아왔다.

이제 낡은 성에는 작은 사내가 탑 속 자신의 방에 앉아 있었다. 그는 늙어서 머리카락이 빠졌고 대머리가 되었다. 아름다운 밤색 수염이 희끗해질 무렵에는 수염을 아예 없애버렸다. 주변은 텅 비어있다. 아흔 나이가 다 되어가는 늙은 어머니는 아직도 그림자처럼 여러 방들을 돌아다녔다. 동생들은 떠나고 딸은 결혼해서 남편에게로 갔다. 그는 집을 갖고 있었지만 자기가 죽은 다음엔 그 집이 누구에게 가게 될지도 몰랐다. 문장紋章을 갖게 되었지만 그가 집안의 마지막 사람이었다. 모든 것은 끝난 것처럼 보였다. 하지만 이 마지막 순간에 다시 모든 것이 나타났다. 모든 것을 경멸했던 이 사람에게 너무 늦게야 많은 일들이 다가온 것이다. 1590년에 몽테뉴가 자주 충고를 해주던 친구 앙리 드 나바르가 프랑스의 왕 앙리 4세가 되었다. 몽테뉴는 이제는 궁정으로 달려가기만 하면 되었다. 모두가 그를 둘러쌀 것이고, 분명 가장 위대한 지위가 그에게 내려질 것이었다. 그가 이미 그토록 훌륭하게 새로운 왕의 고문관 역할을 했기 때문이다. 카트린 치하에서 미셸 드 로피탈이 맡았던 일을 새 왕 아래서 그가 맡게 될 것이다. 로피탈은 온화한 결말을 지향하는 지혜로운 자문관이자 위대한 재상이었다.

그러나 몽테뉴는 더는 원하지 않았다. 그냥 편지로 새 왕에게 축하 인사를 보내면서 자기가 직접 가지 못한 것을 사과했다. 그는 온화할 것을 권고하면서 다음과 같은 말을 써 보냈다.

"과거를 극복하신다면, 내게 굴복한 적들에게도 친구들에게 준 것과 똑같이 나를 사랑할 기회를 주었노라고 뒷날 자랑하실 수 있을 것입니다."

왕들은 자신에게 은총을 구하는 자들을 좋아하지도 않지만 은총을 구하지 않는 자들은 더 좋아하지 않는 법이다. 몇 달 뒤에 왕은 옛 자문관에게 상당히 날카로운 말투로 몽테뉴의 봉직을 위한 재정적인 제안을 담은 편지를 보냈다. 그러나 왕에게 봉사하기 싫었던 몽테뉴는 돈을 받고 자신을 팔 거라는 의심을 받은 것이 더욱 기분 나빴다. 그는 당당하게 왕에게 이렇게 답변했다.

"지금까지 한 번도 통치자의 은총에서 물질적 이익을 구한 적이 없었으며 그런 이익을 바란 적도, 얻은 적도 없습니다. …… 폐하, 저는 제 스스로 바라는 만큼은 부자입니다."

몽테뉴는 자신이 그 옛날 플라톤이 세상에서 가장 어려운 일이라고 칭했던 것을 해냈다는 것을 알고 있었다. 즉 깨끗한 손으로 공직 생활에서 물러나는 일이었다. 그래서 그는 당당한 말투로 자신의 삶을 돌아보며 이렇게 썼다.

"내 영혼의 바탕까지 들여다보고자 하는 사람이라면, 내가 누군가에게 가까이 다가가거나 어떤 사람을 해칠 능력이 없다는 것, 복수나 질투를 하지 못하며 공공연히 분노를 야기할 줄 모른다는 것, 소문을 퍼뜨리거나 불안을 야기하지 못한다는 것, 내가 한 말을 어기지 못한다는 것을 알게 될 것이다. 우리 시대가 다른 모두에게 그랬듯이 내게도 그럴 기회를 주었지만, 나는 다른 프랑스 사람의 소유물이나 재산을 움켜쥠으로써 손을 더럽힌 적이 없고, 전쟁이 났을 때나 평화 시에 오직 내가 소유한 것만으로 살았다. 또한 누군가에게 적당한 보수를 주지 않은 채 나를 위해 일을 하도록 한 적이 없다. …… 나는 나를 심판할 나 자신의 재판소와 나의 법규를 가지고 있다."

죽기 전 한동안 최고의 권력자들이 그를 끌어내리려고 불러댔다. 하지만 그는 그들을 보려고 하지 않았다. 이제 늙어서 자신이 예전 모습의 일부 혹은 그림자에 지나지 않는다고 스스로 느끼는 이 사람은 죽기 직전의 짧은 시간 동안, 자신이 이미 오래전부터 기대하지도 않던 것, 상냥함과 사랑의 광채 같은 것을 바라지 않았다. 다만 우수에 젖은 채 어쩌면 사랑만이 자신을 다시 일깨울 수 있을 거라고 말했다. 그리고 다시 믿기 어려운 일이 일어났다. 프랑스 제일 가문 출신의 젊은 아가씨 마리 드 구르네, 방금 그가 출가시킨 막내딸과 같은 나이인 젊은 아가씨가 몽테뉴의 책을 열렬히 좋아하게 되었다. 그녀는 그의 책들을 사랑하고 신격화하면서 이 남자가 자신의 이상형이라고 여겼다. 사랑이 작가에게만이 아니라 인간에게도 얼마나 많은 의미를 갖는지는 언제나 그렇듯 이런 경우에도 확정 짓기 어려운 일이다. 하지만 그는 자주 그녀에게로 찾아가서 여러 달 동안 그곳에 머물렀다. 그녀는 그에게 '친딸' 같은 존재가 되었고, 그는 그녀를 자신이 지닌 가장 소중한 것의 상속인으로 만들었다. 곧 그가 죽은 후에 나올 자신의 『수상록』의 발행을 맡긴 것이다. 이후 그에게는 알고 싶은 것이 한 가지 남았다. 삶과 모든 경험을 탐색한 이 사람은 자기 삶의 마지막 국면, 즉 죽음을 알아야 했다. 그는 지혜롭게 살았듯이 지혜롭게 죽었다. 그의 친구 피에르 드 브라흐는 베이컨의 조카인 앤서니 베이컨에게 "일찍이 존재한 가장 폭넓고 생동하는 정신"의 죽음에 대해 써 보냈다. 몽테뉴는 앤서니 베이컨이 직전에 써 보낸 편지를 받았지만 답장을 쓸 수는 없었다.

"이미 죽음에게 답을 해야만 했기 때문에."

1592년 9월 13일에 몽테뉴는 종부성사를 받았다. 그와 더불어 에켐 집안과 파사곤 가문은 사라졌다. 그는 아버지처럼 조상들 곁에 묻히지 않고, 보르도의 푀양 교회에 묻혔다. 최초이자 최후의 몽테뉴였으며, 모든 시대를 넘어 이 이름을 지닌 유일한 사람이었다.

원서 편집자 후기

슈테판 츠바이크는 생애 마지막 몇 주 동안 이 에세이 형태의 전기傳記에 마지막 쐐기돌을 얹으려고 노력했다. 1941년 8월에 그는 브라질로 이주했다. 시대의 혼돈이 그를 점점 더 의기소침하게 만들었기에 그는 가능하면 다시 내면의 평화로 돌아갈 길, 자신의 개인적 자유를 구할 길을 찾아내야 했다. 적어도 어느 한순간은 우연의 도움을 받았다. 페트로폴리스의 셋집 지하실에서 미셸 드 몽테뉴의 두 권짜리 『수상록』을 찾아낸 것이다. 그는 베르톨트 피어텔에게 이렇게 보고한다.

"미지근하게 좋아하던 작가를 정확하게 올바른 순간에 발견할 때의 현상을 알고 계시지요. 체념과 물러남의 대가大家이며 스승인 작가를 말입니다."

첫째 부인인 프리데리케에게는 이렇게 써 보냈다.

"지금 몽테뉴를 큰 기쁨으로 자주 읽고 있거니와 그에 대해 글을 쓰고 싶은 유혹을 느껴요. 또 하나의 에라스무스. 진정 위로하는 정신."

그는 브라질에서 『체스 이야기』를 마무리하고, 또 다른 소설(『클라리사』)과, 영국에서 시작한 『발자크 평전』, 『위로하는 정신』(원제 『몽테뉴』)까지 한꺼번에 작업했다. 뒤의 세 작품은 모두 미완성으로 남았다. 그럼에도 불구하고 그의 몽테뉴 탐구가 그의 유언이 되었다. 저 '자유인'——우리 시대와 비슷한 시대에 내면의 자유를 위해 투쟁한 선구자, 거의 광적인 자유주의를 통해 (모든 일시적이고 외적인 성공을 멀리하고 경멸하면서) 언제나 올바르고 지혜로운 존재로 남았기에, 우리와 똑같은 절망감을 느낀 사람——에 대한 탐구였다. 처음 기록에서 이 글을 "몽테뉴에게 바치는 감사"라고 불렀던 것은 대강의 생각에서 나온 것이 아니었다. 몽테뉴는 밝은 시대나 어두운 시대에 츠바이크의 정신적 모범이 된 인물들과 그들의 운명을 대표하는 사람이었기에.

원서 편집자 크누트 베크

몽테뉴 연보

1402년
증조부 라몽 에켐이 프랑스 메독 지방 블랑크포르에서 출생. 몽테뉴의 선조들은 라 루셀 항구 지역에서 소규모 중개상 사무소를 두고 훈제 생선, 포도주 등을 영국에 수출하여 부유한 상인이 됨.

1477년
10월 10일, 증조부 라몽 에켐이 봉건 영주인 보르도의 대주교에게서 귀족 저택인 몽테뉴 성을 사들임. 이 낡은 성은 프랑스 남서부 페리고르 지역에 있었는데, 이곳은 보르도에서 동쪽으로 30마일쯤 떨어진 곳임. 프랑스 행정구역상으로 가스코뉴에 속함.

1528년
1월 15일, 아버지 피에르 에켐과 어머니 앙투아네트 드 루프 결혼.

1533년
2월 28일, 미셸 드 몽테뉴가 낡은 성에서 태어남. 그는 집안의 셋째 아들이었으며 앞서 태어난 두 누이는 출생한 지 얼마 되지 않아 사망함. 몽테뉴의 아버지는 천주교도였고 어머니는 위그노 신자였음. 몽테뉴는 태어난 지 얼마 안 되어 이웃 마을에 보내어 길러짐.

1535년
세 살에 다시 몽테뉴 성으로 귀환. 얼마 후 그의 아버지는, 라틴어에 정통하고 프랑스어는 모르는 독일 학자를 그의 가정교사로 초빙.

1536년
아버지 피에르 에켐이 보르도 부시장으로 임명됨.

1539년
여섯 살에 보르도 인근의 귀엔 학교에 입학하여 공부.
중세 유럽의 학교는 초등학교와 중등학교로 나뉘지 않음. 여섯 살에 입학했으니 초등학생 나이였지만 열세 살에 학교를 떠났으므로 중학생의 나이로 보아야 함. 귀엔 학교는 당시 프랑스에서 가장 좋은 학교 중 하나였음.

1546년
열세 살에 귀엔 학교를 떠남.

1548년
8월, 보르도에서 세금 폭동이 일어남. 폭도들이 모넹을 죽이는 장면을 목격함.

1548년~1554년
파리나 툴루즈에서 법학을 공부한 것으로 추측됨.

1554년
8월 1일, 아버지 피에르 에켐이 보르도 시장으로 선출됨. 1556년까지 임기 수행.
몽테뉴, 페리괴 조세 재판소 법관으로 임명.

1557년
페리괴 조세 재판소의 관료 전원이 보르도 고등법원으로 넘어감.
몽테뉴를 보르도 고등법원 법관으로 임명. 이 법원은 프랑스 고등법원, 즉 프랑스 최고의 사법 기관으로 8개의 지역 법원 중 하나였음.

1558년~1559년
에티엔 드 라 보에시와 교류함. 그는 몽테뉴보다 세 살이 많았는데, 당시 두 사람은 모두 보르도 시위원이었음. 라 보에시는 탁월한 인문주의 학자로 가혹한 정치를 거리낌 없이 비난하여 몽테뉴의 존경을 얻었음.

1559년
몽테뉴, 프랑스 국왕 프랑수아 2세와 파리 순시.
카토-캉브레지 조약으로 프랑스는 외국과의 전쟁을 끝냈지만 처참한 결과를 빚음.

1561년
몽테뉴, 귀엔 지역의 종교분쟁 처리 건으로 보르도 고등법원에 의해 파견되어 1년 반을 소요함.

1562년
몽테뉴, 파리 고등법원에서 가톨릭에 충성을 맹세함.
바시 학살 사건이 발생하면서 내전 시작. 센 강변에 있는 루앙에서 샤를 9세와 함께 브라질에서 온 투피남바족 원주민을 만남. 이 만남은 몽테뉴가 문화상대론에 대한 견해를 갖는 데 큰 영향을 줌.

1563년
8월 18일, 몽테뉴가 지켜보는 가운데 친구 라 보에시가 페스트로 사망.

1565년
9월 23일, 보르도 시의원의 딸 프랑수아즈 드 라 사세뉴와 혼인.

1568년
6월 18일, 아버지 피에르 에켐이 죽자 아버지의 작위와 영지를 상속받음.

1569년
몽테뉴의 첫 역서인 스봉의 『자연신학』 출간. 이 책은 15세기 스페인 카탈루냐 지방의 의사이자 철학자, 신학자인 스봉이 라틴어로 쓴 것. 몽테뉴는 아버지의 지시로 이 책을 번역했음. 남동생 아르노가 테니스를 하다가 사망함.
11월 14일, 대법원은 몽테뉴가 대법원 법관으로 진급하는 것을 거부함. 이로써 몽테뉴는 공직을 포기할 근거 혹은 핑계를 갖게 되었음.

1569년 또는 1570년 초
낙마 사고로 죽을 고비를 넘김.

1570년
보르도 고등법원 법관직을 사임함.

첫 아이가 태어났지만 두 달 후 사망함.
라 보에시의 작품을 편집함.

1571년

38세의 몽테뉴, 몽테뉴 성에 은거하며 수필을 집필하기 시작함.
2월, 생일을 기념하는 문구를 서재에 새김.
9월, 딸 레오노르가 태어남. 그녀는 몽테뉴의 자녀 중 유일하게 생존했음.
파리에 가서 라 보에시의 유작을 출간함.

1572년

『수상록』 집필을 시작한 것으로 추정됨.
8월, 성 바르톨로메오 대학살 사건이 발생함.

1574년

샤를 9세가 죽고 앙리 3세가 즉위함. 몽테뉴는 기사단 기사 신분으로 샤를 9세의 장례식에 참가함.

1576년

좌우명 '에포케'(판단을 보류하다)를 새긴 메달과 저울을 제작함.

1578년

방광결석 발작이 최초로 발생함. 이 병은 죽을 때까지 치유되지 않음.

1580년

3월 1일, 『수상록』 초판 출간.

6월 22일, 몽테뉴 성을 떠나 여행을 시작함. 몽테뉴는 먼저 파리로 가서 국왕 앙리 3세에게 『수상록』을 증정하고 호평을 받음. 이후 1581년 11월까지 스위스, 독일, 오스트리아를 거쳐 이탈리아에 도착함. 이 여행의 목적은 여정에 있는 이름난 온천에서 방광결석을 치료하기 위한 것이었음.

9월 5일, 『여행 일기』의 집필을 시작함.

11월 15일, 로마 도착. 교황을 알현하고 교황청으로부터 『수상록』에 대한 승인을 얻음.

1581년

3월 13일, 정식으로 로마 시민증을 얻음. 이 호칭은 그가 애써 따낸 것으로, 교황의 도움으로 얻은 것임.

8월, 임기 2년의 보르도 시장으로 선출.

10월 15일, 로마를 떠나 귀국함.

11월 30일, 몽테뉴 성으로 돌아옴.

1582년

보르도에서 『수상록』 2판 출간.

1583년

8월, 보르도 시장으로 재선출.

1584년

12월, 앙리 드 나바르가 몽테뉴의 영지를 방문함.

1585년

영지에 페스트가 발생하여 식솔을 이끌고 피난길에 오름.
6개월간 떠돌다가 12월에 몽테뉴 성으로 돌아옴.

1587년

파리에서 『수상록』 3판 출간.
10월, 앙리 드 나바르가 몽테뉴의 영지를 재방문함.

1588년

밀명을 띠고 파리로 갔다가 앙리 3세의 조정에 합류함. 마리 드 구르네와 만남.
5월, 바리케이드의 날 사건이 발생함. 앙리 3세가 파리를 빠져나가 도피함.
6월, 내용을 대폭 보충한 『수상록』 5판 출간.
7월 10일, 바스티유 감옥에 수감되었다가 석방됨.
가을, 피카르디에서 자신의 숭배자인 마리 드 구르네와 휴양함. 이후 구르네는 몽테뉴의 의붓딸이 됨.
12월, 앙리 3세가 기즈 공작을 암살.

1589년

8월, 앙리 3세가 암살당한 뒤 계승권 다툼을 거쳐 앙리 4세가 왕위에 오름.

1590년

앙리 4세에게 서신을 보내 즉위를 축하했지만 앙리 4세가 내린 관직은 완곡하게 거절.

1592년
9월 13일, 중증 후두염으로 사망.

1593년
보르도의 한 수도원에 시신 안장.

1595년
마리 드 구르네가 편집한 『수상록』이 출간되어 3세기 동안 가장 완성도 높은 판본으로 판매됨.

1616년
몽테뉴의 딸 레오노르 사망.

1627년
몽테뉴의 미망인 프랑수아즈 드 라 사세뉴 사망.

1645년
마리 드 구르네 사망.

1676년
『수상록』이 금서 목록에 등재됨.

1770년
2백 년간 잠들어 있던 몽테뉴의 『여행 일기』가 프루니스 신부에 의해 발견됨.

1800년

프랑스 혁명 정부가 몽테뉴를 영웅으로 인정하고 그의 무덤을 보르도 과학문학예술원으로 옮기기로 결정했으나, 시신이 바뀌는 어이없는 실수로 계획이 수포로 돌아감.

1803년

보르도 시립 도서관에서 몽테뉴가 생전에 수정한 『수상록』 판본(보르도 판)이 발견됨으로써 19세기부터 이 판본을 『수상록』의 가장 정확한 판본으로 여김.

1854년

『수상록』이 금서 목록에서 제외됨.

위로하는 정신
: 체념과 물러섬의 대가 몽테뉴

2012년 9월 3일   초판 1쇄 발행
2024년 12월 4일   초판 3쇄 발행

지은이   **옮긴이**
슈테판 츠바이크   안인희

펴낸이   **펴낸곳**   **등록**
조성웅   도서출판 유유   제406-2010-000032호(2010년 4월 2일)

                    주소
                    경기도 파주시 돌곶이길 180-38, 2층 (우편번호 10881)

전화   **팩스**   **홈페이지**   **전자우편**
031-946-6869   0303-3444-4645   uupress.co.kr   uupress@gmail.com

                    페이스북   **트위터**   **인스타그램**
                    facebook.com   twitter.com   instagram.com
                    /uupress   /uu_press   /uupress

편집   **디자인**   **표지 그림**   **독자교정**
박수민   이기준   전일봉   이경민

마케팅   **제작**   **인쇄**   **제책**
전민영   제이오   (주)민언프린텍   라정문화사

ISBN 978-89-967766-3-5 03990